Yan Qin

L'OCCIDENT rencontre L'ASIE

vers un management global

À mon ami Stan, qui, de retour de Chine, a pu mesurer et l'opportunité et la menace de ce grand jump-choc.

Il lira dans ce livre l'histoire des relations entre les deux grandes civilisations entrées dans la modernité, histoire qu'il lui appartient de compléter par les entreprises qu'il y créera peut-être —

Avec mon meilleur souvenir

[signature] Paris 23/X/05.

À un nouveau ami Stan, avec qui j'ai passé une soirée formidable tout en discutant l'opportunité sur la Chine. Et je lui remercie aussi pour son bon image sur mon pays. Amitié. [signature] Paris 23/11/05

Vuibert

ISBN 2 7117 4399 3

Sommaire

Introduction

L'Himalaya de la culture

Le développement international des entreprises passe, de plus en plus, par des accords de coopération, des alliances (tactiques ou stratégiques) et des partenariats de toutes sortes, notamment les *joint-ventures*.

La réussite de ces accords et partenariats implique qu'une synergie soit créée, « ajoutant de la valeur », dans l'hypothèse où le nouvel ensemble aurait une performance supérieure à la somme des performances des deux parties.

Cette synergie peut s'appuyer sur une recherche mieux financée, des économies d'échelle et l'accès à de nouveaux marchés. Mais, dans chaque cas, elle présuppose que l'efficacité des nouvelles équipes constituées soit élevée.

Or, l'efficacité du travail d'équipes venant d'horizons différents est un défi. Si ce défi n'est pas convenablement relevé, le partenariat court à l'échec : selon les études des nombreux chercheurs en économie, l'échec est plus fréquent que la réussite. Encore faut-il préciser que les réussites – c'est-à-dire la poursuite du partenariat engagé – ont été payées d'un lourd tribut, en énergie, temps, ressources diverses dilapidées pour traverser les orages *(storming)* qui caractérisent les débuts de la majorité des alliances.

Nul n'a tenté (par peur, sans doute, de mesurer l'horreur du résultat) de chiffrer le coût du « passage à travers les orages » pour arriver, enfin, après six mois, deux ans, dix ans… !, à la sérénité des compromis, à l'établissement de normes communes *(norming)*, permettant un dialogue utile puisque débarrassé des émotions, visions contradictoires et objectifs incompatibles qui sont le lot de tout nouvel ensemble d'hommes, de toute nouvelle communauté d'individus *(community)*.

Voilà pourquoi il semble urgent, pour ce XXIe siècle qui sera le siècle des partenariats, de formuler une approche de conseil, une pédagogie, à l'intention des dirigeants qui ont soit à organiser, soit à gérer les nouveaux partenariats.

Il s'agit, notamment par des séminaires de groupes, de faire en sorte que la « communauté » (par exemple, la récente direction commune du développement, du marketing ou des achats, etc.) nouvellement formée à partir de cadres et dirigeants provenant d'entreprises et de pays divers passe le plus rapidement possible de la phase d'orages *(storming)* à la phase de compromis sur des normes communes de travail *(norming)*.

En français, cette approche, qui est une pédagogie (par opposition à une demande dangereuse et illusoire de recettes), se nomme « cooptation des modes opératoires « (CMO). Elle a été formulée avec notre collègue Henri Biezin, expert en efficacité collective et animateur de séminaires de management transculturel.

Le fondement de cette approche est que la culture est un « Himalaya » impossible à franchir. Comment, en quelques jours, voire quelques semaines, croire que l'on peut, un tant soit peu, réellement approcher une autre culture sans tomber dans le stéréotype, la simplification ou le lieu commun ?

Cet « Himalaya », il faut donc le contourner. Comment ? En nous intéressant à ce pourquoi le partenariat a été conclu : gérer en commun. C'est sur le management, dans les différents aspects de la gestion des hommes et des choses, qu'il faut intervenir : comment mener des réunions efficaces, comment être créatif dans des groupes polyculturels, comment établir un mode accepté par tous du processus de prise de décision, comment communiquer et faire circuler l'information, comment aborder la relation hiérarchique, bref, comment rendre communs les modes opératoires des nouvelles équipes ? En les cooptant, c'est-à-dire en laissant les protagonistes définir, eux-mêmes, les compromis, les accords qui rendront compatibles des approches souvent bien différentes.

Le lien de cette méthode avec la culture est étroit : les modes opératoires managériaux intègrent nécessairement les croyances, valeurs et symboles qui sont les fondements de chaque culture. Bien mieux, ces modes opératoires sont le résultat d'une alchimie complexe de plusieurs composants de la culture : la culture nationale ou ethnique (les Français, les Japonais, les Allemands, les Chinois, etc.) mais aussi la culture d'entreprise (la culture Nissan est tout aussi éloignée de la culture Toyota que de celle de Renault), de même que les cultures métier (ingénieurs et commerçants, techniciens et gestionnaires) et les cultures personnelles (autodidactes et diplômés, anciens et modernes, optimistes et pessimistes, enthousiastes et sceptiques, etc.). Cette alchimie, il n'est pas possible de l'analyser vraiment. Il nous suffit d'en constater les résultats : les modes opératoires (ou les processus managériaux). Pensons-nous pour autant qu'il faille totalement faire l'impasse sur l'apprentissage des autres cultures ? Nullement.

Il est utile, lorsque nous nous engageons dans un partenariat, de vouloir aborder la nouvelle culture à laquelle nous serons confrontés… avant de la maîtriser. Des lectures, des séminaires, des *coaching* individuels apporteront le vernis qui montrera au moins aux « autres » que l'on a fait un effort vers eux. Pourquoi ne pas entreprendre aussi une initiation à la langue des autres ? Il est exclu qu'en terme opérationnel cela permette de négocier mais l'effort sera apprécié et un certain confort local (se diriger, se nourrir… sans avoir recours à un interprète) sera obtenu.

Il arrive que ces premiers efforts ouvrent des horizons nouveaux et incitent à aller plus au cœur de la nouvelle culture. Mais attention ! L'investissement n'est pas mince. Il peut même contrarier le nécessaire engagement dans la mission assignée en prélevant du temps ou en rendant le dirigeant trop enclin à comprendre l'autre, moins solide dans la défense des intérêts de sa partie. Il faut donc se méfier de soi-même et résister à l'illusion « d'avoir compris l'autre ». La pire des attitudes, hélas fréquente parmi les nouveaux initiés, est l'hyper-adaptation (au Japon, on appelle cela la « tatamisation » !) qui n'est souvent qu'une façade. Cela conduit les adeptes de l'absorption culturelle à singer l'autre, attitude très vite perçue par cet autre comme humiliante pour tous.

Il faut maintenant se montrer plus constructif : si l'on a à l'esprit toutes les limites que l'on vient d'énoncer dans la recherche de la culture de l'autre, il est possible d'adopter deux lignes de conduite qui sont, dans le concret, tout à fait complémentaires.

La première ligne de conduite consiste à être persuadé de l'universalité du genre humain : nous partageons, avec les autres humains, un grand nombre de valeurs et de croyances, et l'on peut dire, en grattant la surface, que le cœur des valeurs des différentes cultures est assez semblable. Dans cet esprit, il suffit de rester bien élevé (c'est-à-dire de ne pas céder aux impulsions), de se mettre à l'écoute des autres, de réfléchir avant de parler, bref d'être un honnête homme et un bon manager, pour être crédible et accepté. Lorsqu'un de nos clients nous force à lui donner la liste de « ce qu'il faut et ne faut pas faire » dans le pays d'Asie où il va se rendre pour la première fois, nous lançons, par boutade : « apprenez à chanter une chanson ! » Mais ce n'est pas une boutade. En Asie (c'est la région pour laquelle la différence culturelle apparaît comme la plus difficile à franchir), il est de règle, bien souvent, de terminer la soirée dans un « karaoké ». Quel meilleur moyen, pour se lier, que de chanter ensemble ? Le partenaire asiatique (japonais, chinois, coréen) vous saura gré de ne pas refuser de chanter (attitude qui serait jugée arrogante) et vous admirera – ce qui est bon en affaires – si vous chantez bien (eux, ils chantent bien car ils prennent très au sérieux cette activité ludique… et s'entraînent à la maison !).

Au-delà de l'anecdote qui, comme toute anecdote, contient une forte proportion de vérité lourde, il faut indiquer la deuxième ligne de conduite recommandée.

Cette deuxième ligne de conduite – qui sera l'un des thèmes importants de ce livre – est de considérer que, s'il est impossible de pénétrer la culture de l'autre, on peut au moins tenter de connaître le référentiel commun d'un peuple : son histoire, sa géographie, ses religions et philosophies dominantes, son mode de gouvernement, les universités où se forment ses élites, le style de management le plus répandu dans les grandes entreprises, publiques et privées, du pays, ses journaux, sa télévision, son cinéma, sa littérature et sa poésie.

Nous ne pouvons sans doute pas savoir ce qui se passe dans la tête de notre interlocuteur lorsque nous négocions mais, connaissant son référentiel, nous pouvons tenter de le séduire, de l'intéresser, le surprendre, l'émouvoir, le déstabiliser et, si nous le souhaitons, nous rapprocher de lui en lui montrant que notre propre référentiel peut être comparé au sien.

Récemment, un des deux coauteurs du livre, Daniel Haber, a été invité à enseigner dans l'une des prestigieuses universités de Shanghai, Tongji, dans le cadre d'un MBA organisé avec les grandes écoles françaises d'ingénieurs. Former l'élite chinoise de demain est une aventure qui ne se refuse pas. Il fallait, cependant, concevoir un enseignement original et qui soit pertinent avec la problématique que ces jeunes Chinoises et Chinois rencontrent dans les *joint-ventures* sino-occidentales dans lesquelles ils ont, pour la plupart, commencé leur carrière. Son cours traite du « contexte des affaires en Chine », tel que forgé par deux millénaires d'influences réciproques entre l'Asie et l'Occident. Ce cours d'une semaine plonge au cœur des valeurs occidentales et orientales, dépeint les « rencontres croisées » qui, au cours des siècles, ont permis à ces valeurs de se féconder mutuellement et décrit comment l'influence culturelle résonne dans le management des entreprises.

Les organisations internationales et *joint-ventures* sont, aujourd'hui, l'expression concrète de la rencontre des valeurs et, surtout, un lieu unique où la fusion culturelle – ou, au moins, la combinaison des caractères propres à chaque culture – permet d'espérer un « mieux », un style et un système de gestion « meilleur », gage que la synergie espérée par la création de la *joint-venture* se produira et aura des résultats féconds. Les forces et les faiblesses de chaque culture de management feront l'objet d'une analyse avant que soient décrites les façons d'opérer une combinaison gagnante. Cette combinaison ne se met pas en place spontanément. Il y faut une volonté et une technique. La volonté, c'est d'ajouter à une bonne organisation ce que l'on peut appeler la « fusion des esprits ». La technique, c'est précisément l'approche pédagogique que la « cooptation des modes opératoires » (CMO) apporte. Ce livre sera, par conséquent, conçu en deux parties.

La première partie sera macro-économique, parfois géopolitique : elle parlera de l'émergence de l'Asie comme événement fondateur de la mondialisation moderne. Elle montrera que la Renaissance de la Chine, depuis 1980, s'apparente à la Renaissance européenne des XVe et XVIe siècles et lui emprunte certains éléments qui accélèrent cette révolution des esprits autant que le taux de croissance. Elle analysera les deux crises asiatiques (celle du Japon, initiée en 1991 et toujours active, ainsi que celle de 1997 qui toucha l'Asie du Sud-Est et la Corée du Sud) et montrera que, au-delà de la simple « crise monétaire-financière-économique », ce sont des crises de système, du système de pouvoir asiatique, et que la nouvelle Asie qui se met en place est une Asie plus ouverte, plus démocratique, plus transparente, bref plus proche de l'idéal occidental.

La seconde partie sera micro-économique. Elle analysera les systèmes de valeur qui sont au cœur des modes de gestion des entreprises occidentales et asiatiques. Ces systèmes de valeur sont naturellement le reflet du jeu macro-économique, géopolitique et civilisationnel dont la première partie aura fait état. Des enquêtes sur « les valeurs du management occidental et asiatique » ont été effectuées par les auteurs, pour la plupart par Viviane Yan Qin. De nombreux entretiens ont été réalisés avec de grands patrons occidentaux et asiatiques qui ont accepté de répondre à des questionnaires. La synthèse de toutes les données recueillies constitue, évidemment, la source principale de la seconde partie. Elle évoque en détail les modalités de combinaison des différents modes de management, fondement de l'efficacité des organisations internationales et *joint-ventures* dont les succès cumulés feront de la mondialisation une donnée positive car ouvrant le champ à la rencontre des civilisations plutôt qu'à leur choc.

Partie 1

Modernisation ou occidentalisation : l'influence de l'Occident sur les sociétés asiatiques

1 L'émergence de l'Asie

Le phénomène fondateur du concept de la mondialisation

Parlerait-on de mondialisation depuis vingt ans s'il n'y avait ce phénomène inattendu, spectaculaire et bouleversant que constitua l'émergence de l'Asie ? Lorsque, au début des années 1960, le Japon recouvrait les bases de sa puissance anéantie par les bombes américaines, un tour d'Asie orientale montrait une région non développée qui estimait impossible tout développement économique notable, en raison, disaient les responsables de l'époque, du manque de ressources naturelles, des maladies endémiques et d'une démographie galopante.

Spectaculaire ? Il a suffi, apparemment, que chaque pays de la région retrouve son indépendance – les colonisateurs occidentaux quittent la région environ vingt ans après que les Japonais se sont retirés de l'Asie de la « co-prospérité » – et, surtout, se dote d'un leader éclairé (Lee Kwan Yew à Singapour, Soekarno puis Suharto en Indonésie, etc.) pour que la croissance explose et fasse des Tigres et des Dragons, à la suite du Japon, des économies sorties du malheur et portées vers la réussite.

Bouleversant ? Avec l'Asie retrouvée, c'est l'ensemble Asie-Pacifique qui se développe à grande vitesse, les nations occidentales de la zone – Australie, Nouvelle-Zélande, États-Unis, Canada, etc. – trouvant dans les échanges (et les investissements) inter-Pacifique, un relais à des échanges « Atlantique » brouillés par la construction européenne tournée, c'est naturel, vers elle-même. Ce redéploiement des échanges mondiaux a entraîné un rééquilibrage des zones d'activités, avec la naissance du concept de « triade de l'économie mondiale » : Europe, Amérique du Nord, Asie émergée.

La vision du monde devenant plurielle, les centres économiques répartis sur tout le globe permettaient, enfin, de parler d'un monde fini, intégrant une grande majorité des nations dans le jeu économique : la mondialisation apparaissait, soutenue par les innovations « mondialisantes » dans les transports et les communications. Internet, dont les Asiatiques sont devenus des experts, le téléphone mobile qui a trouvé en Asie des thuriféraires enthousiastes et ambitieux signent le rétrécissement du monde au moment où il devient vraiment global.

Ce raccourci historique laisse de côté bien des événements et il appartiendra aux chapitres qui suivent d'affiner l'analyse et de donner de la profondeur au phénomène de l'émergence asiatique.

Dans un premier temps, nous allons expliquer comment l'Asie et l'Occident se sont fréquentés au cours des siècles, sans doute mutuellement influencés, mais nous verrons que la coopération réelle, celle de partenaires égaux, est véritablement toute récente.

Le mouvement principal est celui de l'influence occidentale sur l'Asie, encore que celle-ci ait été précédée de l'influence chinoise sur l'Occident (avant la Renaissance européenne).

La véritable question est de savoir si c'est l'Occident, et notamment ses valeurs, qui ont engagé l'Asie dans la voie du progrès ou s'il y a eu combinaison complexe d'autonomie et d'influence, laissant à l'Asie la maîtrise de son propre devenir. Autrement dit, l'Occident aurait davantage provoqué la modernisation de l'Asie que son occidentalisation.

Nous décrirons ensuite l'histoire des Renaissances décalées de l'Europe et de l'Asie et le décryptage de cette alchimie complexe qui voit l'influence occidentale se mêler aux graines du progrès, latent en Asie, mais tardant à porter ses fruits.

Cette complexité des sources de l'émergence rend difficile mais non impossible une lecture claire des sociétés asiatiques, à la fois traditionnelles et engagées, avec enthousiasme, dans les technologies du XXIe siècle.

Deux mille cinq cents ans d'histoire croisée

La rencontre de l'Occident et de l'Orient, qui est l'une des marques les plus spectaculaires de la mondialisation, n'est pas un phénomène nouveau.

Du temps où la Chine dominait le monde – sans que l'Occident ne le sache – par ses inventions (le papier, la boussole, l'imprimerie, la poudre, la soie, etc.) et son unité précoce (la première dynastie unificatrice, celle des Qin, a été fondée en 221 avant J.-C.), les grandes civilisations se développaient de manière séparée. Les sources mésopotamiennes, égyptiennes, grecques et romaines de la civilisation occidentale ne rencontrèrent qu'aux marges (par exemple, dans l'actuel Afghanistan où les hommes d'Alexandre le Grand inventèrent la première statuaire bouddhique, trois siècles avant l'ère chrétienne) les productions de la Chine acheminées le long des villes-postes qui reliaient les deux continents.

L'Empire romain, qui dura jusqu'à la prise de Constantinople (en 1453) par les Ottomans, était, de même, au contact des produits chinois acheminés avec lenteur mais régularité le long des multiples Routes de la Soie. Lorsque Marco Polo découvre la Chine et s'émerveille, il ne fait que constater l'« asianisation » de l'Europe à travers les technologies chinoises que sont le papier, la poudre, la boussole, l'imprimerie, la roue, l'écluse, le compas, la porcelaine, etc.

L'Empire ottoman, dont l'histoire et la géographie en font un pont entre l'Orient et l'Occident, connectait les confins de l'Ouest chinois avec le cœur de l'Europe civilisée. Cette situation historique devrait, d'ailleurs, nous faire réfléchir à l'actualité de la candidature de la Turquie à l'Union européenne. Pôle dominant des États turcophones libérés de la tutelle soviétique, son rattachement à l'Europe connecterait celle-ci, et de façon durable, à cette Asie éloignée géographiquement mais qui devient notre partenaire nécessaire. Par le Kazakhstan et le Turkménistan, l'Europe serait au contact direct de la Chine. Il n'est pas impossible (les projets existent) d'imaginer des autoroutes et des voies ferrées qui renoueraient, mais de façon plus rapide et plus sûre, les anciennes Routes de la Soie.

Mais c'est à l'époque moderne, c'est-à-dire à partir de la Renaissance européenne et des débuts des révolutions industrielles, que les rencontres se sont multipliées pour finir dans des confrontations qui dressèrent Occident et Asie l'un contre l'autre jusqu'à ce que l'Asie entre, elle-même, en « Renaissance », rendant possible et nécessaire la coopération.

On peut, pour la commodité de l'exposé, analyser cette longue confrontation en « cinq chocs », ayant à l'esprit que ces chocs successifs se sont enchevêtrés pour dessiner une histoire complexe, celle des relations de l'Occident et de l'Asie, du XVIe au XXe siècle.

Le choc commercial

Leurs ambitions commerciales conduisent les Occidentaux aux portes de l'Asie.

Les grandes découvertes furent, en réalité, d'immenses entreprises de prospection commerciale et trouvèrent des financements de type « capital risque » auprès des autorités publiques aussi bien que des grandes fortunes privées.

Les premiers prospecteurs furent les Portugais et les Espagnols, du XVe au XVIIe siècle. La partie latine de l'Europe, catholique, menée par des rois navigateurs (tel Henri le Navigateur, souverain du Portugal au XVe siècle), possédait les meilleurs bateaux et entendait organiser le commerce des épices en contrôlant les détroits (Malacca, Sonde) et en se substituant aux Arabes et aux Indiens islamisés, grands marchands régionaux. Ce qui caractérise cette approche, c'est sa superficialité : les prospecteurs n'avaient d'autres intentions que de faire des affaires et il leur suffisait d'établir quelques têtes de pont (des comptoirs, équivalents aujourd'hui de nos bureaux de représentation).

Bien entendu, les marchands venaient avec leur culture qu'ils tentaient parfois de faire partager aux fournisseurs étrangers. Ainsi, les marchands indiens, islamisés, apportèrent-ils, dès le XIVe siècle, l'Islam à ce qui allait devenir la Malaisie et l'Indonésie, à partir de leur comptoir de Malacca.

Les commerçants hollandais et anglais qui suivirent, au XVIe mais surtout aux XVIIe et XVIIIe siècles, avaient des stratégies à plus long terme. Leurs Compagnies (East Indies Companies) entendaient créer des bases solides de fournitures et des marchés à long terme. Il leur fallait, pour cela, s'implanter davantage, investir localement (en plantations, en organisation de larges groupes de main-d'œuvre locale) et installer de nombreux expatriés apportant la compétence et la fidélité. Ces compagnies, bénéficiant du monopole de l'État et de son support militaire, firent la fortune de Londres et d'Amsterdam. Cette approche plus large s'épanouira, au XIXe siècle, en un colonialisme actif et parfois violent.

Derrière les commerçants, se profilaient parfois (mais ils les précédaient tout autant) des civilisateurs plus motivés, les prosélytes religieux.

Le choc spirituel

L'aventure des jésuites en Asie est une épopée fabuleuse et leur impact sur la civilisation orientale reste vivace.

Alors que la Renaissance européenne s'épanouissait en réaction à une Église trop prégnante, les jésuites fondèrent un ordre parfaitement en harmonie avec l'esprit du temps : la ferveur religieuse allait de pair avec la maîtrise des techniques.

L'habileté de Matteo Ricci (fondateur de la mission jésuite en Chine à la fin du XVIe siècle) et de saint François Xavier (au Japon) fut de mêler les deux pour se faire accepter par des gouvernements hostiles aux étrangers (la dynastie mandchoue des Qing fera preuve d'un entêtement négatif aux propositions britanniques, françaises et japonaises ; de son côté, le shogunat des Tokugawa fermera le Japon, du début du XVIIe siècle jusqu'à son ouverture forcée, par les États-Unis, en 1854). Ricci et ses collègues jésuites devinrent d'abord les « conseillers techniques » de l'empereur de Chine avant de porter la bonne parole et de mener à bien leur mission religieuse, politique, scientifique et culturelle.

Encore aujourd'hui, l'élite chinoise, coréenne, japonaise et malaisienne est composée, en partie, de chrétiens. S'ils ont peu de pouvoir, notamment politique, ils exercent des fonctions intellectuelles élevées et sont des modèles de vertu pour leurs concitoyens.

En habillant, très habilement, la doctrine chrétienne de références au bouddhisme (le Christ était, lui aussi, un initié, un « éclairé »), les jésuites évangélisèrent à qui mieux mieux. La juxtaposition d'une religion révélée – mais non expliquée comme telle aux nouveaux croyants – et de philosophies tolérantes (bouddhisme, taoïsme, confucianisme, etc.) ne posait pas plus de problèmes alors qu'elle n'en pose aujourd'hui.

Malgré la répression dont le christianisme fut l'objet, assez rapidement, de la part des puissants locaux qui se méfièrent de l'influence excessive des jésuites, le christianisme demeure, aujourd'hui, une religion présente dans tous les pays d'Asie, parfois à un niveau élevé (en Corée du Sud ou en Malaisie, avec un bon quart de la population), parfois majoritaire (aux Philippines), mais toujours liée à la fraction intellectuelle et active de la population.

En Asie du Sud-Est, une partie de la population fut particulièrement sensible à la nouvelle parole : les Chinois immigrés *(Hua Qiao)*. Ils formaient un groupe à part, méprisé ou ignoré dans chacun des pays où ils étaient une minorité et le christianisme devint, de ce fait, un instrument de survie morale dans un milieu hostile. Le premier transfert de savoir-faire entre l'Occident et l'Asie orientale fut ainsi réalisé par les jésuites, hommes de leur temps, en direction des minorités chinoises, malléables, isolées mais dynamiques. Ces mêmes Chinois d'outre-mer allaient devenir le ferment du développement d'une grande partie de l'Asie, au XXe siècle.

Mais, avant cela, ils vécurent, comme le reste des populations locales, le choc de la colonisation européenne.

Le choc colonial

La deuxième partie du XIXe siècle fut celle des conquêtes coloniales.

Après avoir humilié, pour longtemps, l'arrogant – et aveugle – « Pays du Milieu » (entre 1840 et 1860, annexions, concessions et traités inégaux furent soutirés à l'Empire malade de la dynastie mandchoue des Qing), les Français et les Anglais se tournèrent vers d'autres régions d'Asie et, notamment, vers cette péninsule indochinoise, doublement irriguée d'hindouisme et de bouddhisme, tributaire lointaine de la Chine avec laquelle ils bordent la « mer du Sud » *(Nan Yang)*, vaste espace de commerce, sorte de Méditerranée asiatique. Ils y rencontrèrent d'autres intérêts, ceux des Hollandais dans les îles de la Sonde, les Célèbes et les Moluques (l'archipel indonésien) et ceux des Espagnols aux Philippines, relayés en 1898 par les Américains.

Quant aux Japonais, ayant accédé à la modernisation, à la suite de l'ouverture forcée par les Américains, ils pensèrent que leur nouveau statut de pays industrialisé exigeait sa composante coloniale. Celle-ci s'exerça contre la Chine (annexion de Formose en 1895) puis dans le nord de l'Asie (annexion de la Corée en 1910, détachement – sous contrôle japonais – de la Mandchourie, en 1931 et entrée en Chine même, dès 1937).

Ces colonisations furent brutales du côté japonais mais ne faisaient que reprendre la démarche précédente des Occidentaux : commerce et plantations, d'une part, et impérialisme culturel (par exemple, évangélisation chrétienne) d'autre part.

En revanche, les colonisateurs occidentaux découvraient sur place des sensibilités nouvelles, une tolérance, une harmonie sociale qui les ont, sans doute, impressionnés. L'impact fut limité à l'expression artistique car la vision dominante dans les métropoles était la culture du mépris et le sentiment de supériorité de l'Occident, civilisateur, c'est-à-dire apporteur, à sens unique, d'idées, de pratiques et de mœurs nouvelles.

La colonisation aurait pu mettre en mouvement des sociétés figées, immobiles, essentiellement confucéennes (c'est-à-dire strictement hiérarchiques) et bouddhistes (c'est-à-dire désintéressées de la poursuite du bien-être matériel).

Ce ne fut pas le cas immédiatement (il faudra attendre la « libération », après la Seconde Guerre mondiale, pour que les économies émergent), mais deux phénomènes profonds allaient semer les graines du progrès, c'est-à-dire d'une vision prométhéenne, individualiste, optimiste et rationnelle du monde, celle que l'Histoire avait forgée en Occident : l'apparition d'une élite locale, nationaliste, et la naissance d'une catégorie sociale improbable, celle des entrepreneurs chinois.

La réaction à l'emprise coloniale donna naissance, très tôt, à des mouvements de résistance nationale, rapidement réprimés mais tenaces. Lorsque les Japonais entrèrent, entre 1937 et 1942, dans tous les pays d'Asie, ils surent s'appuyer sur ces oppositions locales, leur promettant de « chasser l'étranger » (c'est-à-dire l'Occidental) puis de favoriser leur indépendance, naturellement dans le cadre de la « coprospérité asiatique » organisée par le Japon. Il ne faut donc pas se tromper d'analyse. Un certain nombre de pays d'Asie du Sud-Est (notamment le Viêtnam) n'ont pas la franche hostilité anti-japonaise de la Chine ou de la Corée. Les Japonais surent, parfois, apparaître comme des « libérateurs » et, partout, comme des bons « organisateurs ». Par ailleurs, l'élite locale, nationaliste et indépendantiste, aidée par le Japon, n'avait pas été formée par lui. C'était en Occident, et souvent en France et en Grande-Bretagne, où nombre de futurs chefs d'État asiatiques apprirent l'économie... et la démocratie !

Parallèlement, dans la société active, des commerçants devenaient, par contact quotidien avec le colonisateur, Occidentaux ou Japonais, des « entrepreneurs » modernes. Bien entendu, l'esprit d'entreprise n'était pas totalement absent d'Asie orientale. Le confucianisme laissait la place à plusieurs formes d'ascension sociale, essentiellement par l'éducation mais aussi par le travail récompensé par les richesses.

Cet esprit d'entreprise local était familial et fondé sur les réseaux claniques. Ce que l'Occident apporta de surcroît, ce fut l'esprit industriel, la notion de l'investissement à long terme et l'association, par contrat, avec des acteurs « hors réseaux traditionnels ». Cet apport fut réalisé au sein des comptoirs, entreprises, plantations, entrepôts établis par les colonisateurs occidentaux ou, plutôt, par les entreprises occidentales qui se chargeaient d'exploiter les colonies. Dans ce contexte, les expatriés de l'Occident, isolés dans un milieu inconnu, hostile et peu coopératif, rencontrèrent un autre groupe d'expatriés, également en butte à l'hostilité ambiante : les émigrés chinois.

La rencontre fut pratique et quotidienne : l'émigré chinois fut l'assistant (au bureau) et l'intendant (au domicile) de l'expatrié occidental. Entre eux naquit une relation étroite, construite sur une réciprocité d'intérêt : l'Occidental transférait ses savoir-faire techniques et managériaux tandis que l'émigré chinois décodait, en permanence, ces sociétés complexes. Au contact direct des Occidentaux, le Chinois d'outre-mer devint plus lucide sur les forces et les faiblesses des colonisateurs. Il intégra les bonnes pratiques et fit de la science de leurs points faibles le levier de ses succès. L'entrepreneur chinois, commerçant borné à ses relations claniques, devint un homme d'affaires international à l'horizon élargi. Certains devinrent ces *« Tycoons »* de l'immobilier et de l'industrie qui firent la fortune de Hong Kong, les patrons des groupes sino-malaisiens et sino-indonésiens, les présidents des Formosa Plastics (à Taiwan) ou des « CP Group » (en Thaïlande). D'autres se contentèrent de devenir les cadres compétents et motivés de l'administration (à Singapour) et des groupes internationaux fondés localement (Jardine Mathieson, Hutchinson, Sime Darby) et qui, partant du commerce international se transformèrent en conglomérats multimétiers.

La Seconde Guerre mondiale vint bouleverser ces nouvelles alliances. La défaite du Japon et le départ, progressif et étalé sur près de trente ans (jusqu'au départ des Américains du Viêtnam), des colonisateurs occidentaux laissèrent l'Asie dans une situation grave mais non désespérée. Le meilleur, c'est-à-dire l'indépendance et la réussite économique, était à venir. Pourtant, l'Asie hésita et se divisa. Certains, et non des moindres, cherchèrent le salut économique dans une vision occidentale prométhéenne et totalisante, le marxisme. Cette vision devint totalitaire. D'autres tentèrent le capitalisme d'État, moyen d'assurer l'efficacité du marché et la conservation d'un pouvoir politique concentré. D'autres encore, comme le Japon, se virent imposer la démocratie des vainqueurs. Cette Asie multiple fit l'expérience des idéologies occidentales. Elle en tira, après succès et échecs, des leçons majeures qui allaient la conduire à la stabilité.

Ce fut le choc idéologique. Il est encore à l'œuvre aujourd'hui.

Le choc idéologique

Au lendemain de la défaite japonaise, c'est l'Asie tout entière qui est en ruines. La guerre froide s'impose dans la région comme ailleurs. Le choix des pays d'Asie sera peut-être idéologique mais il sera aussi un choix technique. Il s'agit, pour eux, de choisir la meilleure recette de développement, la marxiste ou la capitaliste. À l'époque, le choix était possible. Certes, l'Occident possédait les clés de la réussite matérielle (et le Japon, en suivant cette voie, avait brillamment réussi). Mais il craignait l'Union soviétique qui, de son côté, accumulait les bulletins (des faux, mais on ne le saura que plus tard) de victoire économique. La Chine en tête, certaines nations asiatiques s'engagent dans la voie marxiste du développement. On connaît la suite : les « grands bonds en avant » volontaristes se heurtent à la réalité économique et sont d'immenses catastrophes humaines.

Cependant, il faut considérer un aspect non négligeable de l'impact du marxisme sur des sociétés asiatiques figées (figées notamment par un confucianisme stratifié par des élites orgueilleuses et aveugles) : le marxisme est, du moins en théorie, un humanisme qui fonde sa légitimité sur l'épanouissement des citoyens, leur « avenir radieux ». Il y a donc, dans ce système, une vision optimiste de la société et une perspective de progrès justifiée par le travail collectif des hommes. Le marxisme est une vision occidentale, prométhéenne. L'homme, en s'en remettant à une « collectivité », est capable de modeler un monde dont il est responsable. On reste dans une vision judéo-chrétienne d'un monde où l'homme détient une place centrale.

La Chine marxiste a donc bougé. Le vieil homme a été dépouillé de ses valeurs traditionnelles et obligé d'endosser d'autres valeurs, étrangères mais réputées efficaces. Mais la société chinoise résistait, campait sur sa tradition, ses valeurs. Il fallut aller plus loin dans la fracture sociétale et ce fut la Révolution culturelle, choc idéologique majeur, porteur de l'espoir d'un homme vraiment nouveau. On connaît la suite.

L'échec économique du maoïsme, marxisme paysan, s'il est patent, a, malgré ou à cause de cela, cassé une société hautement traditionnelle. Ce faisant, elle préparait le lit du succès du choc idéologique suivant, le choc du capitalisme.

Le choc du capitalisme

Deng Xiaoping, porteur de ce second choc idéologique, prit son temps. Il procéda par étapes, qui furent autant de tests réussis.

Dans les campagnes, où vivent encore 75 % des Chinois, la réforme prit les couleurs d'un retour à la tradition individualiste paysanne, tout en sauvegardant (par la livraison obligatoire, et à prix fixé, d'une partie des productions) l'approvisionnement des villes par l'État. Le succès fut si spectaculaire qu'il permit des bonds de productivité de l'ordre de 30 %. L'agriculture devenait un succès d'exportation et une source de devises étrangères.

L'apprentissage du capitalisme fut progressif et prudent : d'abord quatre, puis dix-huit ZES (zones économiques spéciales), des lieux côtiers, fermés et éloignés du centre politique, Pékin. Le succès montrait la capacité, immense, des Chinois à adopter une nouvelle pratique : la recherche du profit. Les bénéfices furent d'abord réservés à l'État, par l'intermédiaire des *joint-ventures*, mariages entre des firmes étrangères et des sociétés d'État chinoises. La possibilité de gagner de l'argent fut ensuite ouverte à tous ceux qui en prenaient l'initiative, seuls ou avec les « cousins » de Hong Kong, Macau ou Taiwan.

Lorsque, en 1992, il fut établi que le choc capitaliste avait été plus que bien absorbé, Deng lança sa formule « confucéenne » (« qu'importe qu'il soit blanc ou noir, pourvu que le chat attrape les souris » – *« Hei Mao, Bai Mao »*), sanctifiant la généralisation du capitalisme en Chine et s'éloignant du concept traditionnel des vertus confucéennes.

La Chine immobile fut enfin mise en mouvement.

Cependant, la politique d'ouverture du pays et l'introduction du marché ont apporté leur lot de problèmes En cherchant à améliorer l'efficacité du « capitalisme aux couleurs chinoises », la Chine a mis en évidence l'importance de la technologie, de l'innovation et de la R&D, du développement durable et du problème environnemental, de la transparence gouvernementale (notamment la question de la corruption).

Si l'expression *« marketizing »*, caractérisant l'économie socialiste de marché, représentait l'état d'esprit principal du gouvernement de Deng Xiaoping et de son successeur Jiang Zemin, la prise de pouvoir de la quatrième génération gouvernementale, celle de Hu Jintao en 2003, a mis l'accent sur le *« perfectizing »*, c'est-à-dire l'amélioration de l'économie socialiste de marché.

Deng a installé le capitalisme *via* l'adage du « chat blanc » ou du « chat noir », Hu a quant à lui développé sa propre théorie du « chat transparent » et du « chat vert » *(« Touming Mao », « Lü Mao »)*, illustrant les trois caractéristiques de son gouvernement :

– *innovation et développement scientifique* autonome ;

– *« chat vert »* : protection environnementale et développement durable ;

– *« chat transparent »* : transparence du gouvernement et lutte contre la corruption.

La Chine, en voie de développement à grande vitesse, ne perd pas sa tête. Elle a le souci de prévenir les erreurs potentielles et continue son chemin vers une vraie modernisation.

Longtemps tenus à distance, l'Asie et l'Occident ont fini par se rencontrer. Le choc fut rude puisque constitué de plusieurs chocs successifs qui ont pour caractère commun une tentative de l'Occident d'imposer ses valeurs.

On peut comprendre l'arrogance occidentale : ayant inventé l'individu et mis en mouvement les sociétés du pourtour de la Méditerranée, il y a trente siècles, l'Occident, assoupi et envahi après l'effondrement de l'Empire romain, fut capable, au XVe siècle, de se réinventer une société dynamique et ambitieuse et, par sa capacité à transformer en industrie les découvertes de ses génies, de s'engager dans une série de révolutions technologiques qui en firent le centre économique du monde. La réussite prouvait l'efficacité, donc la légitimité, de ses valeurs et l'incitait à en apporter les bienfaits à tous les autres peuples de la Terre.

À l'autre bout du monde, la Chine suivait un destin parallèle tout aussi brillant : ayant réalisé très tôt l'unité de son Empire, elle fut le lieu d'inventions décisives (l'imprimerie, la roue, la poudre, etc.) et de philosophies (le confucianisme, le bouddhisme, le taoïsme, etc.) puissantes. Elle répandit tous ces bienfaits chez ses voisins qui payèrent tribut pour être admis aux marches de l'Empire. Cet Empire fut, par deux fois, ébranlé de l'extérieur (les Mongols, aux XIIe et XIIIe siècles, les Mandchous du XVIIe au XXe siècle) et résista en absorbant les cultures des vainqueurs. Il s'étiola ensuite dans une harmonie tranquille et sans ambition, celle de « l'Empire immobile ».

Les chocs que nous avons décrits sont en effet énormes. L'Occident a semé dans la Chine et chez ses voisins les graines de la modernité. Cette modernisation ne fut pas nécessairement une occidentalisation. Mais elle en avait tout l'air.

Il est par conséquent important de relire la Renaissance, toute récente, de l'Asie à la lumière de cette interrogation : quelle part l'Occident a-t-il pris dans le renouveau asiatique et quel impact ses idées (l'individualisme, les droits de l'homme, la démocratie, l'hypothèse d'une main « invisible » transformant, par une sorte de miracle, les multiples intérêts individuels en intérêt commun) ont-elles réellement eu sur la réussite de l'Asie ?

Le mot miracle vient d'être écrit. Il a été souvent employé pour décrire la Renaissance asiatique. Il est temps de l'analyser en détail.

Les Renaissances décalées

Cinq siècles (est-ce peu, est-ce beaucoup à l'échelle de l'histoire humaine ?) séparent la Renaissance européenne de la Renaissance asiatique.

Ce décalage a non seulement créé un hiatus entre les deux régions du monde mais encore, lorsqu'elles se rencontrèrent vraiment, par la magie de la révolution des transports et par la curiosité insatiable de l'Occident, il a provoqué plusieurs chocs, ceux que l'on a décrits dans les pages précédentes. La véritable question, aujourd'hui, est de savoir si ce décalage peut être résorbé rapidement.

La mondialisation met en présence des régions du monde au développement très différent, des peuples primitifs d'Amérique latine ou d'Afrique aux nations hyper-développées d'Europe, d'Amérique du Nord et d'Asie. La communication, le commerce, les investissements font surgir des rencontres improbables. Ces rencontres sont-elles davantage des chocs et des conflits (de civilisation) ou contiennent-elles un potentiel de rapprochement ? Les nations en retard vont-elles combler le décalage en s'imprégnant des valeurs des nations avancées ou vont-elles camper sur leur identité et générer des antagonismes ingérables ? Le professeur Samuel P. Huntington [1] perçoit bien, et l'explique encore mieux, le potentiel de choc civilisationnel. Mais pour nous, praticiens des affaires internationales, la perception est autre. Sur ce terrain, l'envie de coopérer, l'incitation à rattraper le retard en assimilant les modèles vainqueurs nous semblent l'emporter.

Au choc des civilisations, qui caractériserait les relations entre nations, nous voudrions opposer (et en faire naturellement la démonstration) la rencontre des cultures et des valeurs au sein des firmes mondiales.

L'analyse historique précédente a montré que l'influence culturelle pouvait être réciproque. L'histoire du XXIe siècle sera-t-elle celle de la fusion des cultures, du compromis, du consensus ? Ce serait là le vrai miracle. Ce n'est peut-être pas une utopie.

1. Auteur de *The Clash of Civilisations*, 1993.

La Renaissance en Europe, le premier des « miracles » en économie

C'est Alain Peyrefitte, dans un de ses livres majeurs, *La Société de confiance*, qui a le mieux analysé ce préalable indispensable à la croissance économique (et aux « révolutions technologiques » qui en sont le fondement) : la révolution des esprits.

Cette révolution spirituelle, en Europe, prend une double forme : un retour à l'époque pré-chrétienne, à la recherche de l'héritage gréco-romain (héritage qui s'est, lui-même, combiné avec les enseignements de l'Ancien Testament), mais aussi une division de la chrétienté, avec l'apparition de la Réforme et la naissance du protestantisme. Au confluent de ces divers mouvements, s'impose une réflexion sur l'individu, dont on peut dire que la lourde influence de l'Église chrétienne, avec sa hiérarchie, ses dogmes et ses interdits (notamment celui de l'usure, base du crédit et donc base de la croissance économique), l'avait enfoui sous une intense vie « communautaire ». Le retour sur l'individu, sa renaissance comme *prime mover* de la société, s'est élaborée sur une plate-forme de valeurs qui lui assigne une responsabilité vis-à-vis du monde qu'il occupe et lui reconnaît une capacité à le maîtriser et à le faire évoluer : la domestication du monde est liée à sa capacité de le faire progresser. Cette vision de l'individu en fait un être curieux de tout, et notamment de découvrir l'ensemble du monde qu'il occupe : les premiers entrepreneurs seront les grands découvreurs de mondes nouveaux. Financés par les premiers « capital-risqueurs » (les rois et les princes), les navigateurs sont, en réalité, des commerçants prospectant des sources nouvelles de richesses (l'or, les épices) et ouvrant de nouveaux marchés. La composante « protestante » de cette vision produit l'entrepreneur moderne puisqu'elle affirme que la réussite terrestre est le signe de l'élection divine. L'analyse du sociologue Max Weber, faisant du protestantisme la clé de voûte du capitalisme, est acceptée par tous. Les pays du sud de l'Europe qui ont expulsé leurs protestants (comme ils expulsèrent auparavant leurs juifs) n'ont fait qu'augmenter la capacité des pays receveurs, ceux de l'Europe du Nord, à innover et à créer des nouvelles entreprises à partir des inventions des génies individuels.

C'est ici que se rejoignent la révolution industrielle (la création de nouvelles machines domestiquant, parce que décodant ses secrets, la nature) et la révolution des esprits : la Renaissance, carrefour de l'esprit de découverte et de la tentation du lucre (et l'ayant consacré comme activité légitime), a fait du profit la locomotive de l'économie. L'industrie a suivi, fournisseur de produits pour les commerçants et de machines pour l'agriculture. Le triptyque gagnant, agriculture-industrie-commerce, est mis en place dans tous les pays d'Europe, ceux du Sud ayant fini par être perméables à la « lumière ».

Naturellement, la traduction de la révolution des esprits et des techniques en richesses économiques ne s'est pas faite sans erreurs ni obstacles.

Il y a eu des réticences et des refus, émanant de larges couches de la société, ignorantes, et ensuite des dirigeants touchés dans leur privilège (leurs rentes) par ce qui fut, progressivement ou par saut révolutionnaire, une large redistribution des cartes. La traduction, dans le domaine politique de l'esprit d'entreprise individuel, a été la démocratie. Bien des penseurs, anglais et français notamment, aux XVIe et XVIIe siècles, ont formalisé les concepts qui sont encore les nôtres et fondent le libéralisme politique autant qu'ils consolident le libéralisme économique : la prééminence du droit, de la règle décidée par la majorité des représentants du « peuple » ; la séparation des pouvoirs ; l'élection des dirigeants dont la seule légitimité est celle de l'adhésion d'une majorité d'électeurs, votant au bulletin secret. Il a fallu bien des révoltes, souvent sanglantes, pour que s'imposent, avec des avancées foudroyantes et des reculs immenses, ces concepts démocratiques. Il a fallu des révolutions, douces (Angleterre) ou brutales (États-Unis, France) pour que s'installe véritablement la modernité annoncée. Des effets de cliquet ont fait que les reculs n'étaient que partiels : jamais Napoléon ne renia totalement Bonaparte. Et c'est à l'issue de cette longue maturation que s'épanouit l'économie occidentale, au XIXe siècle.

Paradoxalement, l'Occident n'attendit pas que soient vaincues les résistances internes pour porter à l'extérieur les nouvelles idées et les nouveaux concepts.

On a vu comment se sont succédé l'ère des marchands, celle des jésuites puis celle des militaires : ils portèrent au dehors une modernité encore balbutiante à l'intérieur. Le XXe siècle accoucha de deux guerres « civiles » européennes, au coût humain invraisemblable, à l'issue desquelles s'installèrent les États modernes et un début d'organisation mondiale (SDN, ONU, etc.). La démocratie épanouie ne pouvait accepter que perdure la colonisation. La reconstruction européenne, après 1945, nécessita de nouveaux « miracles » économique (par exemple, les Trente Glorieuses en France). Ce recentrage interne alla de pair avec la décolonisation et l'apparition d'États modernes hors de l'Occident, États qui, à leur tour, prirent la dure voie de la croissance économique et, parfois, de la démocratie.

La réelle influence de l'Occident en Asie

Nous sommes, ici, au cœur d'une interrogation qui marque substantiellement le contexte des relations entre l'Occident et l'Asie et, par dérivation, celui des rapports entre entreprises des deux régions et, encore davantage, la nature des relations managériales au sein des (nombreux) partenariats privés occidentaux-asiatiques : la modernisation de l'Asie, sa « Renaissance », est-elle une occidentalisation ?

Une manière d'apporter une réponse pertinente consiste à analyser les « apports », de toute nature, de l'Occident, au cours de la période « moderne ».

C'est l'apport technologique et scientifique qui a dominé, du point de vue des Asiatiques, l'intérêt du contact avec les Occidentaux. Si les premiers « découvreurs, marins, commerçants », si les prosélytes chrétiens (et, avant tout, les jésuites) furent toujours (au moins dans un premier temps) bien accueillis, c'est qu'ils étaient porteurs d'outils, d'équipements, de techniques et de sciences, à commencer par celle des armes à feu.

Pour des raisons complexes, l'Asie était restée à l'écart des révolutions techniques et industrielles et c'est bien l'Occident qui lui a permis, du XVIe au XXe siècles (et encore aujourd'hui) de combler son retard. Ainsi, le Japon, totalement fermé et isolé pour le protéger des influences extérieures par les Shogun Tokugawa (de 1600 à 1868), avait, malgré tout, laissé quelques points, très surveillés, de contacts commerciaux. L'idée majeure était de se procurer quelques mousquets qu'il était possible de démonter, de copier… et d'améliorer. De même, si les jésuites purent accéder à la cour de l'empereur de Chine, au milieu du XVIe siècle, c'est parce qu'ils se présentaient comme des conseillers « techniques », apporteurs d'idées et de savoir-faire scientifique et technologique.

Le Japon de Meiji [2] (à partir de 1868), comme la Chine de Deng Xiaoping (à partir de 1979) ont d'abord perçu leur ouverture sur le monde comme un accès aux technologies existantes. Procédant à un

2. *Meiji* : période de l'histoire du Japon (1868-1912). Meiji est un *nengo*, c'est-à-dire un nom d'année. Le 23 octobre 1868, la cour impériale du Japon promulgua un décret annonçant que le nouveau *nengo* serait Meiji (« politique éclairée »), pour commémorer l'instauration du nouveau Régime impérial.

benchmarking à l'échelle du monde, ces deux pays, à un siècle de distance, ont procédé de la même façon : utiliser tous les ressorts de l'intelligence économique et se servir de la concurrence interne aux pays occidentaux pour acquérir, à moindre prix, des technologies mûres. Cependant, dans l'esprit confucéen, copier le maître est déjà révélateur d'une réelle compétence et apparaît comme un préalable à la création. Un simple exemple, celui de l'apprentissage de la peinture, peut expliquer l'esprit qui règne, dans les écoles asiatiques où les élèves ont l'interdiction d'avoir des idées créatives. Ils sont obligés de copier et recopier sans cesse les modèles que leur donne leur maître, jusqu'au moment où ils parviennent à reproduire exactement le même tableau que l'original. Ils peuvent alors, et alors seulement, commencer à créer leurs propres œuvres. Copier est donc considéré comme une étape nécessaire et la meilleure façon d'accumuler les connaissances de base afin d'arriver à l'étape supérieure de la création et de l'innovation.

Le Japon moderne, comme aujourd'hui la Chine modernisée, ont démontré leurs capacités créatrices. Le rattrapage technologique est très vite remplacé par la compétition scientifique. L'Asie n'a pas vocation à rester à la traîne de l'Occident et entend nous le montrer au plus tôt.

L'apport de capitaux reste essentiel et continue d'être recherché en priorité. Si la colonisation européenne fut une exploitation, elle a dû, d'abord, investir en plantations, industries et organisations commerciales.

Le Japon lui-même a recherché, au début du XXe siècle, ces investissements et il faut rappeler que c'est une firme française, Air Liquide, qui fut le premier investisseur occidental au Japon. Limités longtemps à des *joint-ventures* contrôlées par la partie japonaise, les capitaux occidentaux sont, aujourd'hui, activement recherchés, à de bien meilleures conditions, par les différentes « préfectures » japonaises. Il est évidemment paradoxal de voir le Japon s'ouvrir largement à l'investissement extérieur au moment où ses coûts élevés de production l'obligent à délocaliser. Mais le marché japonais reste l'un des plus grands du monde et justifie une présence directe, et d'ailleurs rentable, comme Aventis, Danone, Saint-Gobain et bien d'autres le prouvent tous les jours.

L'extraordinaire et spectaculaire croissance chinoise, depuis vingt ans, a pour source principale un puissant courant de capitaux directs. La Chine est le second pays (après les États-Unis) receveur de capitaux internationaux et, de loin, le premier en Asie. Des entrées annuelles de l'ordre de 40 à 60 milliards de dollars soutiennent les ambitions chinoises de développement industriel et de réforme des entreprises d'État. En asséchant les investissements vers les autres pays d'Asie, ce « drainage » chinois accélère la « victoire de la Chine » [3]. Pourtant, les dirigeants chinois rappellent, à juste titre, que ces investissements étrangers n'ont fait que ratifier et accélérer un démarrage économique davantage porté par les capitaux intérieurs. C'est en augmentant très rapidement (par la libéralisation) la productivité du secteur agricole que la Chine a gagné ses premiers surplus en devises. L'épargne chinoise, qui ne le cède, en puissance, qu'à l'épargne japonaise, a fait le reste.

Plus que la masse des capitaux entrants, c'est leur contenu en technologie et en savoir-faire qui importe. Ce contenu technologique est aussi celui qui est recherché dans l'apport humain.

Les colonisateurs furent aussi des expatriés porteurs de savoir-faire. Par la suite, les représentants de l'Occident en poste en Asie ont véhiculé les valeurs de l'Occident en même temps qu'ils apportaient leur capacité managériale. Cette contribution « civilisationnelle » a naturellement soulevé la question centrale de l'occidentalisation de l'Asie. Pour les Asiatiques, il s'agit là d'une illusion occidentale, d'une manifestation de l'arrogance de l'Occident, la poursuite, sous d'autres formes, de l'œuvre colonisatrice.

C'est le premier pays d'Asie ayant accepté l'ensemble de l'apport occidental, le Japon, qui est responsable de cette illusion et de l'ambiguïté qui est attachée à cette question. En effet, lorsque les Occidentaux ont voulu voir dans le miracle japonais (en moins de trente ans, de 1868 à 1895, le Japon était devenu un pays puissant, industriellement et militairement) l'effet de l'apport occidental, les Japonais ont accepté l'analyse. « Oui, disaient-ils, nous avons réussi parce que nous nous sommes "occidentalisés". Oui, nous sommes devenus l'Extrême-Occident et ne sommes plus l'Extrême-Orient. Oui, nous avons "tourné le dos à l'Asie" et nos grandes villes sont situées sur la façade est du pays, celle qui fait face au continent américain. » Évidemment, telle n'était pas la pensée profonde du Japon. L'objectif japonais n'était pas de copier l'Occident mais de le dépasser pour se venger de l'humiliation subie lors de l'intrusion américaine de 1853. Ce processus fut effectivement mis en œuvre et la stratégie, cachée, était d'« utiliser les techniques de l'Occident »... tout en conservant l'« âme japonaise ». La vérité n'éclata que tardivement. Il fallut attendre que le Japon soit consacré deuxième puissance

3. Jean MANDELBAUM et Daniel HABER (2001), *La Victoire de la Chine*, éditions Descartes, 2001; 2e édition à paraître en 2006.

mondiale (en 1985) pour que certains dirigeants osent enfin exprimer leur pensée réelle. Un livre a marqué cet aveu : *Le Japon qui peut dire non*, de MM. Morita (l'un des fondateurs de Sony) et Ishihara (écrivain renommé devenu député conservateur, leader de l'aile la plus « à droite » du LPD [4] et, aujourd'hui, gouverneur, c'est-à-dire maire, de Tokyo). Le brûlot était si agressif à l'égard de l'Occident qu'il fut peu diffusé hors du Japon et ne fut traduit que pour des usages internes. Ces deux dirigeants rejetaient totalement l'idée d'une quelconque occidentalisation du Japon. Les apparences (l'adaptation des technologies de l'Occident et la mise en place d'une Constitution apparemment démocratique) ne doivent pas cacher la réalité : le Japon est resté fidèle à ses propres valeurs, celles qui ont été portées par les philosophies japonaises : le confucianisme, le shintoïsme, le bouddhisme. Évidemment, certaines de ces philosophies sont d'origine chinoise mais le Japon a su les transformer et les transfigurer. Et puis la Chine et le médiateur culturel que fut la Corée sont asiatiques. Quant à la synthèse qu'en a réalisée le Japon, elle est bien spécifique. Tout le monde d'ailleurs, ne peut que constater le particularisme de la culture japonaise, qui en fait son charme, son exotisme et qui rend passablement complexes les relations avec ce pays.

De son côté, la Chine a toujours refusé l'apport culturel occidental. Elle a payé de plus d'un siècle de retard son entrée dans la modernité, par ses refus constants : refus de l'humiliation coloniale en 1840 (ce qui lui valut la guerre et l'imposition de traités inégaux) puis refus du capitalisme par Mao. Même l'ouverture de Deng, en 1979, ne signifiait pas un changement d'attitude : l'ouverture se ferait aux conditions exclusives de la Chine. Les capitalistes occidentaux renâclèrent d'abord et seuls les Chinois d'outre-mer répondirent à l'appel du « petit timonier ». Ce n'est que dix ans plus tard, convaincus que l'entrée de la Chine dans la mondialisation était irréversible, que les Occidentaux et les Japonais suivirent.

Cependant, il n'est pas possible aux dirigeants asiatiques de rejeter complètement l'influence profonde de l'Occident. C'est par le management des entreprises locales (notamment au travers des *joint-ventures*) que cette influence s'est installée. Le management moderne porte en lui un grand nombre de valeurs occidentales : la place de l'individu, les relations entre les individus (en particulier, les comportements hiérarchiques), le concept d'actionnariat, les objectifs de profitabilité et leur domination sur les objectifs sociaux, la gestion des clients consi-

4. LPD : Liberal Democratic Party.

dérés comme libres de leur choix et que l'on ne peut que convaincre, par la publicité notamment, etc.

Cette intrusion des valeurs occidentales a été facilitée, en Asie, par l'existence d'un groupe humain particulier, les Chinois d'outre-mer, déracinés culturellement, en osmose avec les expatriés occidentaux et qui sont porteurs d'une double culture qui en fait des intermédiaires incontournables. Ils ont permis à la Chine d'accélérer sa modernisation et de comprimer, en deux générations, un développement qui a pris, ailleurs, plusieurs siècles.

En réalité, il existe un moyen de concilier les deux thèses, celle de l'occidentalisation et celle de la fidélité aux valeurs asiatiques, en observant que tous les pays d'Asie (mais, chacun à sa manière) sont des conservateurs des cultures, des « empileurs » de valeurs.

L'analyse du cas japonais est parfaitement significative.

Sur un socle purement japonais, le shintoïsme (*shen jiao* en chinois, religion primitive, naturelle, révérant les *kami* ou esprits), sont venues se poser deux grandes traditions philosophiques, venues de la Chine *via* la Corée : le bouddhisme et le confucianisme. Il n'y a pas eu affrontement mais adaptation et combinaison. De ce mélange est issu un ensemble de valeurs très spécifiquement japonaises, la voie du *samouraï* (le *bushi-do*), très proche de notre code de chevalerie. Réservés à une élite de guerriers, ces codes ont essaimé dans la société tout entière. Ce sont les *daimyo* (seigneurs) et les *samouraïs* (chevaliers) qui dominaient l'ancienne société japonaise impériale avant la fermeture du pays par les *shogun*. Lorsque les jésuites vinrent apporter la bonne parole, ils prirent soin de la rendre compréhensible en lui donnant des couleurs locales. Jésus devint un « éclairé », comme Bouddha. Après de larges succès, le christianisme fut stoppé par les leaders politiques locaux qui y voyaient une menace à leur pouvoir. Cependant, les persécutions ne mirent pas un point final à la culture chrétienne qui reste répandue, à des degrés divers, dans toutes les sociétés asiatiques. Aujourd'hui encore, un couple japonais, « bouddho-shintoïste » (!), n'hésitera pas à procéder à une cérémonie de mariage chrétienne… après le mariage à la japonaise. Lorsque le Japon dut s'ouvrir à l'Occident en 1868, les dirigeants éclairés de Meiji décidèrent de retrouver l'âme nippone originelle pour en faire, en quelque sorte, un rempart à une occidentalisation des esprits. Le shintoïsme, pour la première fois, fut instauré religion d'État. L'ancien socle devint protecteur de la culture nationale.

On pourrait, pour chaque pays d'Asie, décrire ainsi un *mix* culturel qui serait la résultante d'une accumulation de couches idéologiques, superposées et entremêlées. L'apport occidental n'est donc pas négligeable, même s'il est nié. Il s'est en quelque sorte incorporé au corpus culturel asiatique qu'il a modifié de l'intérieur. L'influence la plus profonde, et la plus opérationnelle, a été de fournir à l'Asie une vision du monde élargie.

L'Empire du Milieu sait bien qu'il n'est qu'un des centres du monde et ses étudiants sont les plus enthousiastes à partir étudier dans les autres centres que sont l'Amérique et l'Europe. La participation des pays d'Asie aux organisations internationales (FMI, Banque mondiale, OCDE, OMC, etc.) manifeste cette intégration au monde. C'est à travers cette vision d'un monde divers que les pays d'Asie peuvent espérer prendre leur place et influencer les décisions.

Les Renaissances asiatiques

L'Asie est un concept flou sur le plan géographique et très divers sur le plan culturel. Même si nous nous intéressons à un seul sous-ensemble de l'Asie, l'Asie orientale, l'homogénéité de cette région, bouddho-confucéenne, est très relative. En particulier, les contacts avec l'Occident ont été très différents selon les périodes et les Occidentaux concernés. Les marins commerçants portugais et espagnols n'ont pas véritablement cherché, contrairement à leurs successeurs hollandais, anglais, français ou américains, à pérenniser leur présence. De simples postes de commerce, des comptoirs, leur suffisaient.

La réponse des pays d'Asie a été, elle aussi, fort diverse : entre un Japon qui (comprenant naturellement qu'il ne pouvait s'y opposer) accepte la leçon occidentale et en devient le meilleur élève, et la Chine qui, réagissant émotionnellement, se croit capable de résister à la puissance matérielle de l'Occident (et qui perdra, de ce fait, un siècle et demi de développement !), il y eut toute la gamme des nuances (la Thaïlande, jouant de l'arrogance et de la cupidité occidentales, saura préserver une indépendance formelle), des dominés (les Philippines, l'Indonésie et l'Indochine) et des « coopérateurs » (Birmanie, Malaisie, etc.).

Pourtant, si l'on veut bien nous suivre dans la démonstration qui va suivre, il est possible d'identifier une forme de réaction commune, dont la complexité mérite un décodage subtil. Résumons notre démonstration avant de l'explorer dans ses composants : l'Asie a décollé (émergé, comme on le dit aujourd'hui) à partir du milieu du XIXe siècle, par l'ouverture, impensable, de l'île la plus fermée et la plus farouche, le Japon. Cette première émergence pose, d'emblée, la question de l'occidentalisation.

Une deuxième émergence se fait jour, près d'un siècle plus tard, entre 1945 et 1964, c'est-à-dire au moment de la décolonisation qui a suivi la défaite du Japon en Asie. Elle concerne, de façon surprenante mais logique, les deux colonies japonaises : Taiwan (cinquante ans d'occupation japonaise) et la Corée (trente-cinq ans d'occupation). Entre cette deuxième émergence et la première, le lien et l'explication sont clairs : c'est le Japon qui orchestre le développement de ses anciennes colonies et en est le moteur principal.

La troisième émergence implique un troisième acteur (en plus du Japon et des populations locales) : la diaspora chinoise, protagoniste essentiel, qui apparaît comme un relais de l'influence japonaise. C'est toute l'Asie du Sud-Est, où les minorités chinoises contrôlent l'essentiel de l'économie locale, qui prend son essor.

La quatrième émergence, celle qui met un point final à l'émergence de l'Asie orientale (même si elle laisse encore de côté l'Indochine géographique), c'est naturellement celle de la Chine. Tous les acteurs (la diaspora chinoise, le Japon, les Occidentaux) participent à cette renaissance historique tout en constatant que la Chine entend les mettre totalement sous son contrôle.

Un lien existe entre ces quatre émergences : l'importance des réseaux commerciaux, ceux de l'Occident, ceux du Japon, ceux de la diaspora chinoise. Concurrents mais parfois partenaires, les commerçants de cette région ont enclenché l'essor économique.

Au niveau mondial, depuis 1945, les chiffres montrent combien le commerce entre les nations a été un facteur d'entraînement de la croissance. Cette constatation est encore plus vraie en Asie de l'Est. Avec ces quatre émergences, singulières et liées, inscrivons dans notre paysage mental l'importance du contexte commercial, élément fondateur de la mondialisation : les « rounds », plans pluriannuels de négociations commerciales à l'échelle du monde, prévus et régulés par le traité appelé GATT (General Agreement on Tariffs and Trade, signé en 1945, constituant un forum international – l'Organisation mondiale du commerce –, encourageant le libre commerce entre les États membres mais qui ne vit le jour que cinquante ans plus tard !), ont fait progressivement disparaître les obstacles aux échanges, à commencer par les barrières douanières. Les obstacles ne sont pas, et de loin, tous levés (l'imagination et la perversité des gouvernants soucieux de protéger leur pays sont sans limites), mais c'est dans un contexte de libération rapide des échanges mondiaux qu'il faut analyser l'émergence de l'Asie.

❑ *La première émergence : le Japon*

L'ouverture du Japon est souvent présentée comme le résultat d'une agression américaine à l'encontre d'un peuple cadenassé dans son île et ignorant les progrès du monde.

Mais on ne comprendrait pas la rapidité, et l'efficacité, du rattrapage japonais si l'on ne prenait pas en compte l'état réel du Japon des *Shogun Tokugawa* : pays fermé, mais pacifié ; pays rendu prospère par une intense activité intérieure : agriculture, artisanat, commerce (du riz et du thé) et début d'industrie (les armes à feu) ; pays structuré autour d'une culture forte et spécifique, d'une volonté d'apprendre exprimée par de larges segments d'une élite, notamment celle des samouraïs qui devaient trouver un emploi à leur énergie guerrière inutilisée ; existence d'une classe d'entrepreneurs (les familles Mitsui et Sumitomo, par exemple). La décision de ne pas résister à l'agression occidentale ne fut pas facile à prendre. Il fallut quinze années de palabres et de luttes (une véritable guerre civile, qui limitera cependant le nombre de morts) pour que les clans du sud du pays (notamment ceux des Satsuma) prennent le dessus sur les défenseurs du *Shogun*… appuyés par les Français qui avaient envoyé une mission militaire. Les mots d'ordre des vainqueurs furent clairement annoncés et totalement mis en exécution. Ils démontraient la clairvoyance des nouveaux dirigeants et leur volonté de rester maîtres du destin de leur pays : « tournons le dos à l'Asie et regardons vers l'Est » (c'est-à-dire vers les États-Unis) ; « créons une force militaire mais conservons l'âme japonaise ». L'isolationnisme apparaît alors comme une (longue) parenthèse dans l'histoire d'un pays qui a souvent tenté de s'approcher de la Corée et de la Chine. Le choc occidental met en branle un peuple ambitieux, *survivor*, doté de structures mentales solides qu'il n'a pas l'intention de renier.

Le Japon regarde, dès l'abord, l'Occident avec un œil critique et l'intention de l'amender. Il réalise alors un *benchmarking* mondial, approfondi, sérieux : il reste le maître de ce qui est adopté ou rejeté. Le prisme japonais transforme les techniques et les organisations de l'Occident qui, très vite, ne les reconnaîtra plus ! Le management japonais, dans la période 1868-1945, va modifier les règles occidentales en y introduisant ses propres valeurs : la couche culturelle shinto est replacée sur le dessus du *mix* culturel ; les *samouraïs* entrent dans l'entreprise qu'ils imprègnent de leur code ; les conglomérats *(zaibatsu* [5]*)* sont des fiefs féodaux et leur gestion est confucéenne et militaire. La rencontre des techniques occidentales et des valeurs japonaises produit une efficacité explosive : le premier miracle est né.

Sur le plan politique, l'exemple démocratique séduit les dirigeants qui y voient une des recettes de la croissance économique. Hélas, c'est précisément la crise économique, conséquence de la crise boursière américaine de 1929, qui portera les militaires au pouvoir.

Cette période voit le Japon imiter l'Occident dans un développement impérialiste qui le conduit à occuper deux territoires, Taiwan et la Corée, qu'il organise à la japonaise avec son cortège de brutalités mais aussi de bonne organisation. Après la conquête de la Chine, c'est toute l'Asie (abandonnée par les États-Unis qui ont accepté de donner la priorité à la guerre contre les nazis allemands) qui est occupée par le Japon qui se présente en libérateur du joug occidental. Les gouvernements qui prendront le pouvoir en Asie du Sud-Est, après le départ des Japonais puis des colonisateurs occidentaux, sont issus des résistances anciennes, financées et structurées par les Japonais.

Ce n'est évidemment pas un hasard si, derrière le Japon, ce sont ses deux anciennes colonies qui ont émergé, dans les années 1960 et 1970, emportant le bloc des quatre « dragons » (avec Hong Kong et Singapour). L'occupation américaine (1945-1951), la guerre de Corée (1950-1953) puis le second miracle japonais (1945-1964) ont redonné au Japon une place éminente en Asie.

Dans les années 1960, le Japon a mis en place un système industriel moderne, fondé sur deux innovations qui devinrent des modèles pour le reste du monde : un *deal* sociétal, entre le patronat et les syndicats de salariés, qui privilégia l'augmentation du « gâteau » par rapport à son partage, d'ailleurs équitable ; une nouvelle organisation de la production manufacturière assise sur un enrichissement des tâches, la chasse aux gaspillages et aux stocks intermédiaires, et une écoute réelle de l'homme proche de sa machine, l'intégration du travailleur à sa tâche et à son entreprise grâce à une formation permanente et une participation active (cercles de qualité et de suggestions), tout ceci formant le *toyotisme*, amélioration substantielle de l'organisation *fordiste* (système de production né dans l'industrie automobile et fondé sur la fabrication en série et

4. *Zaibatsu* : groupe d'entreprises liées par la finance, c'est-à-dire dirigé à partir d'une *holding*.

la standardisation des tâches et des produits, né chez Ford) grâce à un intérêt accru porté aux hommes. Confucéen par sa nature (dans le système hiérarchique confucéen chacun, même au bas de l'échelle, a sa dignité), le *toyotisme* a su capter davantage que les deux bras de l'ouvrier : son cerveau et son cœur.

Ce renouvellement de la productivité, spécifiquement japonais (même si certains concepts ont été importés des États-Unis), a donné une impulsion extraordinaire à l'industrie japonaise et lui a permis de résister, mieux que l'Occident, aux deux chocs pétroliers de 1973 et 1979. Très rapidement, l'industrie japonaise, reconstituée autour de conglomérats informels (les *keiretsu* [6]), doit songer à se délocaliser et ses deux anciennes colonies, relativement proches du Japon, sont privilégiées.

❑ *La deuxième émergence : Taiwan et Corée du Sud*

C'est donc l'investissement direct japonais qui a été l'instrument essentiel de l'émergence des deux grands « dragons ».

Certes, et les dirigeants de ces pays l'affirment bien haut, l'argent japonais (celui des réparations de guerre, puis de l'assistance financière) a su être canalisé grâce à des plans de développement, conçus localement dans des contextes de rigidité politique, voire de dictature, mais qui furent économiquement efficaces.

À Taiwan, les expatriés de Chine, débris de l'armée de Chang Kai Chek, imposent leur loi aux autochtones. Il faudra cinquante ans pour qu'un président issu de ces populations d'origine soit élu. Les Taiwanais restent marqués par la longue occupation japonaise. Les réparations de guerre et les premières délocalisations (textile, jouet) permettent un décollage rapide. La combinaison de la productivité japonaise et de la structure des entreprises chinoises, à base familiale, donne un caractère particulier à la réussite taiwanaise.

En Corée du Sud, le général Park impose une dictature militaire, justifiée en permanence par la menace du Nord mais entreprend, en même temps, de faire décoller l'économie du pays. Il est aidé par les Américains qui ont laissé 40 000 hommes sur place après la fin de la guerre de Corée, en 1953, et par le « nouvel ami » des Américains, le Japon. D'importants transferts, à partir du Japon, de technologie, de réparations de guerre et d'une aide bilatérale fournissent les bases du

6. *Keiretsu* : nouveau nom donné aux groupements de grosses entreprises, autrefois appelés *zaibatsu* (en anglais *holding*) : sociétés financières dirigeant et contrôlant d'autres sociétés dont elles détiennent les actions, ce sont soit des conglomérats horizontaux (groupe Mitsui, Mitsubishi ou Sumitomo), soit des groupes industriels verticaux (type Toyota, etc.).

miracle coréen. Les conglomérats coréens naissants (les *chaebol*) sont construits sur le modèle (confucéen) des *zaibatsu*.

Ce qui rassemble la Corée et Taiwan, c'est leur capacité à tirer un profit immédiat et durable de l'apport japonais dans la mesure où leur culture avait déjà subi une osmose avec la culture japonaise durant les longues années d'occupation. Les premières industries nationales sont à forte intensité de main-d'œuvre : textiles, jouets, industries légères. Mais, très rapidement, les deux pays sont capables de monter en gamme et d'entrer dans les industries sophistiquées : électronique et automobile. L'apport américain et l'apport japonais se combinent à l'intérieur des *chaebol*, champions nationaux constamment soutenus par le gouvernement. À leur tour, ces deux pays vont devoir délocaliser les premières industries de main-d'œuvre. Ils vont ainsi permettre la troisième émergence.

❑ *La troisième émergence : « le monde chinois hors de la Chine »*

Ce sont les pays d'Asie du Sud-Est ayant des minorités chinoises agissantes et entreprenantes et qui vont mettre en marche les « tigres » de l'Asie : Thaïlande, Malaisie, Indonésie, Philippines.

Pour comprendre l'essor économique de ces pays, on peut utiliser la métaphore du « ménage à trois » : l'impulsion est donnée par la bourgeoisie locale, souvent issue des résistants au colonialisme, à la fois légitime et soutenue par le pouvoir. Ces nouveaux capitalistes ont besoin d'un savoir-faire commercial et de réseaux : ce qui leur sera précisément apporté par les immigrants chinois ou plutôt par la minorité de ceux qui ont réussi à s'extraire de la pauvreté. Ces Chinois sont porteurs d'une grande culture, la chinoise, mais ont été longtemps proches des colonisateurs qui trouvaient en eux un relais de communication avec les hommes d'affaires locaux, des partenaires fiables car eux aussi expatriés, donc vulnérables. Ils ont reçu, par osmose lente et progressive, les ferments entrepreneuriaux, venus de l'Occident.

Enfin, la composante japonaise apporte, comme elle le fit ailleurs, ses capitaux (réparations, aide, crédits) et ses technologies particulièrement bien adaptées aux pays émergents. Un apport complémentaire est celui constitué par les grandes sociétés de commerce international japonaises, les *sogo shosha* [7], qui participent aux investissements locaux

7. Les *sogo* (global, général), *shosha* (import-export) sont d'énormes entreprises commerciales (autour de 100 milliards de dollars US de volume d'affaires) qui organisent une grande partie des échanges et des investissements de l'industrie japonaise au Japon même et dans le monde entier.

mais, surtout, offrent des débouchés immédiats grâce à leurs réseaux tentaculaires, au Japon, en Asie, en Europe et aux États-Unis.

Un quatrième acteur commence à apparaître à cette époque (dans les années 1970 et 1980) : les grandes firmes occidentales et les sociétés de commerce international européennes (anglaises, hollandaises, allemandes, italiennes, françaises). Par leur concurrence parfois désordonnée, ces entreprises font baisser le coût d'acquisition des technologies et des savoir-faire, venant de l'Occident, ce qui profite aux entrepreneurs locaux.

Un cinquième acteur entre également en jeu : les financiers publics internationaux (Banque mondiale, Banque asiatique de développement).

Doté de tous ces atouts, chaque pays recherche son essor et son indépendance économique selon son génie propre. La Malaisie de Mahatir affiche son ambition de suivre le modèle japonais et enjoint à son peuple… et à ses voisins de regarder le Japon (c'est, à nouveau, un *Look east !*). De très nombreuses élites locales ont étudié en Occident et au Japon, de même que les élites des Chinois émigrés. Les capitaux internationaux, nombreux, cherchent de bonnes occasions d'investir et trouvent dans chaque « tigre » un *mix* de conditions exceptionnellement favorables.

Au fond, la question posée est : pourquoi pas avant ? Simplement parce que les miracles en économie ont besoin, pour se produire, du bon mélange et du bon dosage mais aussi de l'étincelle catalysante. Cette étincelle est d'ordre spirituel. Elle est souvent donnée par un leader charismatique (Mahatir, Suharto, Lee Kwan Yew, Park Chung-Hee, Ramos, etc.) qui oriente les énergies du peuple vers l'économie et les éloigne des débats stériles. De ce point de vue, la démocratie, du moins celle que nous connaissons, ne trouve pas son compte. Certes, l'absence de démocratie peut, durant la phase d'émergence, être favorable à la concentration (et à la vitesse) de décision. Mais le manque de transparence et de gouvernance conduit, presque toujours, à des dérapages, sanctionnés par des « crises ».

Cela sera analysé plus loin.

❑ La quatrième et la plus importante des émergences : la Chine

L'étincelle du miracle chinois fut fournie par le petit timonier, Deng Xiaoping, communiste historique, réformateur (donc opposant) sous Mao, pourchassé par la « Bande des quatre » *(Si Ren Bang)* maoïste, mais protégé par l'armée. Quelques mots de lui et la Chine se transforma. Le peuple chinois attendait sans doute ce moment depuis quelques siècles. Il avait obtenu de Mao l'unité et la paix civile. Il lui fallait en finir avec le chaos économique : c'est l'économie de marché qui allait lui apporter les régulations nécessaires.

Le mécanisme qui s'est enclenché en Chine, à partir du mot d'ordre de Deng, « ouverture », ressemble à celui qui a caractérisé l'essor des Tigres et des Dragons.

Il y a un élément fondateur : la réforme de l'agriculture qui permet, à l'aube du miracle, d'accumuler un excédent en devises grâce aux exportations agricoles. Ce que les Chinois ne doivent qu'à eux-mêmes et qui renforce leur vision d'un développement « autonome ».

Le véritable levain du boom chinois a été la réponse, au fond inattendue, des Chinois d'outre-mer qui se sont considérés comme des voyageurs loin de leur famille *(you zi)*. Ils n'ont pas hésité à apporter les capitaux, les technologies et les savoir-faire dont la Chine avait besoin pour son démarrage.

Il faut méditer sur ce mouvement extraordinaire qui porta ceux qui avaient fui la pauvreté mais aussi le communisme à revenir vers la mère patrie. Inversement, il faut saluer le comportement des dirigeants chinois qui effacèrent le passé de « traîtres » des émigrés et surent consolider ces apports en associant, même si c'était de façon superficielle, les grands patrons de la diaspora à la conduite des affaires économiques du pays.

Le grand pari chinois, et qui réussit, fut le développement des *joint-ventures.* Aucun autre pays (à commencer par le Japon) n'avait eu l'audace d'ouvrir si rapidement les portes aux investisseurs étrangers. En fait, les Chinois savaient pouvoir parfaitement maîtriser ce processus à travers leur contrôle sur les entreprises d'État, partenaires des étrangers.

Tout le miracle chinois tient dans cette certitude : la capacité du pouvoir à maîtriser l'influence étrangère, à ne prendre que ce qui est « juste nécessaire » ; le capitalisme est ainsi instrumentalisé [8]. Les dirigeants pensent que l'économie de marché est compatible avec n'importe quel pouvoir, pourvu que celui-ci soit en mesure d'imposer des règles du jeu. Ils vont même jusqu'à ambitionner de faire du « capitalisme confucéen » un « meilleur » capitalisme, un peu à l'image de Singapour mais à une tout autre échelle.

8. Voir Daniel HABER et Jean MANDELBAUM, *La Victoire de la Chine, op. cit.*

D'autres émergences asiatiques sont en attente : Viêtnam, Birmanie, Cambodge, Laos. Leur renaissance dépendra de la capacité de leurs dirigeants à utiliser un *mix* favorable qui ne demande qu'à se mettre en place. Nul doute aussi que la Chine sera partie prenante de l'émergence indochinoise où elle a une histoire et des intérêts.

S'il fallait résumer la question de l'occidentalisation, nous conclurions sur les remarques suivantes :

– même si l'apport occidental a été important, il n'a pas été, dans l'esprit des nations d'Asie, décisif. C'est en eux-mêmes qu'elles visualisent leur renaissance. Elles trouvent d'ailleurs, dans l'apport occidental, de nombreux points négatifs (l'humiliation coloniale en tête) qui justifieraient leur retard au décollage ;

– il est vrai que toute « renaissance » est avant tout une révolution des esprits. Celle-ci ne peut qu'être locale, même si de nombreuses influences extérieures, notamment occidentales (et, en tête, l'individualisme et la capacité d'entreprendre), ont joué un rôle ;

– ces influences extérieures, occidentales, ont été multiples : les marchands, les prosélytes religieux, les technologies, les modes de gestion qui, nécessairement, charrient des valeurs. Elles ont procédé par cascades : le Japon « occidentalisé » a étendu à toute l'Asie les nouvelles façons de voir et de travailler et a trouvé chez les Chinois d'outre-mer (culturellement métissés) un relais de diffusion ;

– mais il a fallu, dans chaque pays, un leadership éclairé, dotant le pays d'une volonté autonome pour mettre en œuvre tous ces apports, les coordonner et les impulser. L'habileté de ces leaders a été, presque toujours, de savoir extraire dans l'influence occidentale la partie *hardware* et de rejeter le *software* (les valeurs) qui allait avec.

Il est clair que le *benchmarking* (mot plus approprié que copiage) a permis une formidable accélération du développement. L'Asie a rattrapé plusieurs siècles de retard en une ou deux générations, et ceci grâce à l'Occident. Les Chinois disent qu'il s'agit d'un juste retour des choses puisqu'ils nous avaient, d'abord, apporté la roue, la poudre, l'imprimerie et bien d'autres innovations.

Le contexte de libéralisation commerciale (les *rounds* du GATT, l'aide aux pays jeunes par des facilités douanières sans compensation, etc.), installé dans le monde par les vainqueurs de la Seconde Guerre mondiale, a été un terreau favorable : le commerce a tiré l'industrie, partout dans le monde.

Mais ce rattrapage accéléré n'a pas été parfaitement maîtrisé. De nombreuses erreurs ont été commises dans la précipitation, le manque de transparence et de contrepouvoirs.

Une terrible sanction a puni tous les pays d'Asie, à l'exception de la Chine : la crise.

2 Les crises en Asie : sanction d'une gestion dépassée

L'analyse technique (monétaire et financière) des deux crises asiatiques (celle du Japon, depuis 1991 ; celle de l'Asie du Sud-Est et de la Corée du Sud, depuis 1997) a été remarquable [1]. Pourtant, elle n'a pas épuisé le besoin de compréhension : comment des économies gérées par des gouvernements forts et éclairés ont-elles pu accumuler, en si peu de temps, un si grand nombre d'investissements « non performants » ?

L'analyse doit donc aller plus au fond de la gestion de sociétés jeunes, engagées (certaines pour la première fois dans leur histoire) dans un développement économique vigoureux. Cette mise en question de ces sociétés doit notamment faire la part des erreurs qui leur sont propres et de l'échec d'une occidentalisation mal comprise.

Une origine commune des crises : l'épuisement de l'efficacité du « triangle de fer »

C'est un Néerlandais vivant au Japon, Karl Van Wolferen [2], qui a le mieux explicité l'efficacité puis les erreurs propres au « triangle de fer », au début des années 1990, à une époque où l'on croyait encore que la crise japonaise n'était que conjoncturelle. Son explication fut totale-

1. Voir, en particulier, celle de Philippe Delhaise, *Asia in Crisis*, éd. John Wiley & Sons, Singapour, 1998.

2. *L'énigme de la puissance japonaise*, par Karl Van Wolferen. L'auteur parle du « triangle de fer » qui signifiait le « triangle de pouvoir » : aux trois sommets du triangle, une même élite, formée aux mêmes écoles, et qui se comprend parfaitement, a tissé des liens étroits entre le politique (les politiciens conservateurs du parti libéral démocratique - PLD), la haute administration (les bureaucrates) et les dirigeants des très grandes firmes (les *zaibatsu* privés).

ment éclairante même si elle fut, en son temps, contestée : c'est le « triangle de fer » qui fut la source principale de l'efficacité du modèle japonais de 1951 (date de la signature du traité de paix avec les États-Unis, marquant la fin d'une occupation longue de près de sept ans) à 1991. C'est ce même système qui, à partir de l'« éclatement des bulles » (spéculatives, immobilière et mobilière), en 1991, entraîne le Japon dans une langueur qui confine à la déflation. L'intérêt de son analyse est qu'elle peut s'appliquer à tous les autres pays d'Asie, touchés plus tard par la crise asiatique de 1997.

Les sociétés asiatiques, d'essence confucéenne, sont fortement hiérarchisées. Le Moyen Âge japonais, très proche du Moyen Âge européen (ce sont l'Église et le code de la chevalerie qui hiérarchisent les sociétés d'Europe), se prolonge jusqu'à la fin du Shogunat Tokugawa (1600-1853, ère Edo) et s'adapte au Japon de Meiji : la modernisation du Japon, spectaculaire (les trente premières années, de 1862 à 1895, sont marquées par un intense *benchmarking* mondial réalisé pour le compte de l'État japonais, par des « envoyés spéciaux »), est, en réalité, superficielle. L'« Extrême-Occident », comme on baptise alors le Japon, est, en fait, resté une société féodale, même si les apparences font croire à une révolution sociétale. En réalité, le Japon de Meiji opère une transmutation : la société féodale devient une société féodale moderne. Le Shogun laisse apparemment la place à l'empereur mais celui-ci reste un symbole. Le nouveau Shogun est un gouvernement élu. Les samouraïs, oublieux de la guerre depuis la longue paix civile de l'ère Edo, se sont préparés à être les administrateurs de l'État (les fonctionnaires) et des entreprises (souvent créées par l'État mais remises au contrôle privé). On aperçoit immédiatement l'origine du « triangle de fer » : les ministres, les bureaucrates, les patrons sont issus de la même classe de dirigeants féodaux. Les entreprises sont les nouveaux « vassaux » d'un suzerain (apparemment) démocratique (le gouvernement) et qui partage son pouvoir entre « politiques » et « bureaucrates » parfaitement interchangeables. Les universités, à commencer par celles de Tokyo et Kyoto, sont le creuset commun de tous les futurs dirigeants perpétuant leur origine commune.

Ce système a parfaitement fonctionné à deux reprises dans l'histoire du Japon moderne.

La première fois : le « rattrapage de l'Occident »

Celui-ci fut marqué par l'acquisition d'une grande capacité industrialo-militaire et par la première grande victoire du Japon moderne sur une Chine affaiblie (depuis la première guerre de l'opium en 1840, début d'un rejet obstiné et quelque peu suicidaire de l'Occident méprisé), en 1895. Formose (Taiwan) fut le prix de cette victoire et la première colonie du Japon (pendant cinquante ans).

Le pouvoir se crispa avec la crise économique mondiale (née en 1929 aux États-Unis) et donna naissance à un régime dominé par les militaires, bien accepté à l'intérieur (le rôle dominant de la caste militaire étant bien connu du peuple japonais), mais impérialiste et conquérant à l'extérieur.

En se taillant son empire colonial (en Corée, en Mandchourie et en Chine), le Japon dupliquait le modèle occidental et ne comprit pas (certains au Japon ne le comprennent toujours pas) que l'Occident lui en fasse grief. De ce malentendu ont découlé Pearl Harbour et Hiroshima.

La seconde fois : le « miracle japonais »

Le second succès du « triangle de fer » fut la reconstruction d'après-guerre, les « vingt glorieuses » (1945-1964) qui furent baptisées le « miracle japonais » et s'achevèrent symboliquement par les jeux Olympiques de Tokyo et la mise en route du TGV *(ShinKansen*[3]*)* japonais.

Dans les deux cas, le système fonctionne bien car les bonnes décisions sont facile à prendre : infrastructures, éducation, *deal social* (patronat-syndicat), renforcement des conglomérats (*Zaibatsu* devenus *Keiretsu* mais restés des groupes horizontaux, au maillage serré, qui négligent l'actionnaire et refusent la mainmise de l'Occident), rôle moteur des banques et des *Sogo Shosha*[4] (les sociétés de commerce international du Japon, énormes machines dont la fonction d'intermédiation sert à la protection du pays et à l'enrichissement de l'industrie, aux dépens du consommateur japonais).

On observe que le système japonais, tout en ayant les apparences de la norme occidentale, est *sui generis*. Manquant de tout contrôle réellement démocratique (pas de gouvernance, pas de transparence), il a dérivé et, en particulier, généré l'inflation des actifs (1985-1991) qui précipita la crise. Cette dérive est celle qui, au sein du « triangle de fer », passe de la connivence à la collusion puis dégénère en corruption. Les liens (université, mariages…) qui unissent les ministres, leurs vice-ministres (directeurs d'administration centrale) et les *chairmen* des

3. *ShinKansen* : train à grande vitesse. Dès 1964, ce train atteint les 210 km/h.
4. Voir Les Sogo Shosha *: comment les sociétés de commerce international japonaises gèrent le monde*, par Daniel Haber, préface de François-Xavier Ortoli, Économica, 1993.

conglomérats rendent possibles toutes les tractations. Dans un contexte politique où c'est le même parti (parti libéral-démocrate – PLD) qui est au pouvoir depuis 1951, à quelques rares exceptions près, ces liens deviennent structuraux. Ils conduisent à une gestion fermée de l'économie, hostile aux importations (de biens et de capitaux) de l'étranger et permettant aux conglomérats de prospérer, aux dépens des PME sous-traitantes et des travailleurs non protégés (80 % de la population active). Les surprofits réalisés par les conglomérats sont, en grande partie (et c'est la raison du succès du système), réinvestis dans le développement, la prospection, l'innovation, l'internationalisation. Mais il reste une part non négligeable pour alimenter le PLD et assurer la réélection de ses députés.

Le systèmc a également permis au Japon de mieux traverser les deux crises pétrolières (1973 et 1979) que ses concurrents occidentaux, et de devenir, en 1985 (grâce à la réévaluation massive du yen) la deuxième puissance économique mondiale, ce qu'elle est toujours.

En revanche, dès que le succès fut applaudi par tous, les compliments sur la supériorité du management japonais firent perdre la tête aux responsables.

L'erreur des Occidentaux, comme des Japonais, fut de croire que la compétitivité manufacturière du Japon (réelle, et nous verrons dans la partie micro-économique comment et pourquoi) signifiait une supériorité globale. Dès que l'industrie perdit, dans le monde, sa prééminence au profit des services, la machina à fabriquer la crise se mit en marche. En particulier, le Japon se montra, alors, capable de perdre la tête : c'est l'achat du « Trou des Halles », du Rockefeller Center et de Columbia ; c'est l'acquisition, à des prix excessifs, des Van Gogh, Monet, Cézanne ; c'est le rachat de nombreux golfs en France, de châteaux dans le Bordelais et de bien d'autres signes extérieurs de richesse… Rien ne peut arrêter le « triangle de fer » devenu fou : les bulles grossissent… puis éclatent en une crise massive.

Depuis près de quinze ans, le Japon tente d'en sortir. Les remèdes sont connus : transparence, gouvernance, ouverture aux capitaux étrangers, rationalisation de la gestion et, surtout, fin du « triangle » par des règles démocratiques simples. Or, le Japon démontre, encore aujourd'hui, son incapacité (ou l'absence de volonté) à se réformer. La société bouge, éclate mais le triangle est encore là, amoindri, vilipendé mais toujours à l'œuvre. La meilleure preuve : les modalités des multiples plans de relance qui favorisent les entreprises de BTP, joyaux des conglomérats et « meilleurs amis » du monde politique.

Le modèle japonais est celui qui existe également dans son ancienne colonie (1910-1945) : la Corée du Sud. Le même « triangle de fer » (longtemps assis sur une quasi-dictature militaire), les mêmes conglomérats (les *chaebol*) liés aux bureaucrates et aux politiciens, ont permis l'essor rapide de la Corée du Sud, à partir de 1960, et son entrée dans l'OCDE en 1996. L'année suivante, ce fut la crise, énorme, avec un recul du PNB de près de 10 % et une monnaie divisée par trois. Quelques mois après le déclenchement de la crise, l'élection présidentielle amène au pouvoir un « démocrate » civil, Kim Dae Jung, dont la politique vise immédiatement à tenter de briser le « triangle de fer » en s'attaquant aux *chaebol*. Après plusieurs années, force est de constater que le triangle est toujours actif, que les *chaebol* les plus solides sont plus audacieux que jamais (Samsung, Hyundai, LG) et que la reprise économique est, en permanence, en question. La Corée du Sud fait la démonstration, en grandeur réelle, que des politiques éclairées, puisant leurs recettes dans le monde capitaliste occidental, se brisent sur les traditions confucéennes (très vivaces en Corée), pour maintenir, malgré des changements de surface, la pérennité du « triangle de fer ».

En Asie du Sud-Est, centre de la crise asiatique de 1997, on retrouve les mêmes schémas, portés par le même fond confucéen. C'est d'autant plus frappant que deux des pays en crise, la Malaisie et l'Indonésie, sont musulmans. C'est que le soubassement culturel de ces pays est resté confucéen. L'islam s'est simplement « posé » sur la tradition confucéenne (et bouddhiste) sans la chasser ni s'y mêler. Cette juxtaposition, par couches, des éléments culturels, rend complexe la lecture de ces sociétés. Toujours est-il que les triangles de pouvoir sont en place dans tous les pays de la région, avec des modalités apparentes diverses mais fonctionnant toutes « en circuit fermé » pour le plus grand avantage des élites du Triangle.

Une nouvelle donne en Asie

Malgré la persistance de la tradition et l'attachement des élites à la perpétuation du « triangle de fer », il serait faux de croire que les deux crises asiatiques soient restées sans effet. Elles ont mis en route de véritables révolutions de société qui, comme toujours, ne font sentir leurs effets que très progressivement

Deux forces mettent en mouvement cette « nouvelle Asie » : la force du capitalisme occidental, vainqueur depuis 1989 de la concurrence capitalisme-socialisme et qui profite des crises asiatiques pour tenter une nouvelle offensive économique dans la région ; la puissance de l'émergence de la Chine, sortie grand vainqueur des deux crises et devenue modèle alternatif.

Il faut réfléchir à ce que cela signifie. D'un côté, le capitalisme triomphe, y compris en Chine qui a adopté, dans sa loi fondamentale, le concept d'« économie socialiste de marché ». Mais, par ailleurs, la même Chine, réfutant le terme de « capitalisme », entend mener sa croissance victorieuse [5] à sa manière, en instrumentalisant le capitalisme et en le combinant avec le « système chinois ».

Le capitalisme occidental trouve, dans la nouvelle Asie, de multiples occasions d'investissement

Les crises asiatiques ont entraîné partout des faillites et ont permis aux entreprises occidentales d'acquérir des pans entiers d'industries jusqu'alors surprotégées.

Renault a ainsi opéré l'un des investissements les plus importants et les plus spectaculaires en Asie par l'acquisition d'une grande partie (44,4 %) du capital de Nissan et par la refonte totale de sa gestion. La réussite de Carlos Ghosn, devenu l'icône des jeunes managers japonais, sanctifie l'entrée des capitaux étrangers, jusqu'ici tolérés et mesurés. Le résultat est que six fabricants d'automobiles japonais sur neuf sont contrôlés par des firmes européennes et américaines, sans parler de la mainmise sur un grand nombre d'équipementiers et de fournisseurs de cette industrie. L'entrée de Carrefour (qui s'est, depuis, retiré), mais surtout de Walmart, Costco, Metro, démontre que même la distribution, jusqu'ici chasse gardée des Japonais, est désormais ouverte au capital étranger.

L'intérêt pour le Japon n'est pas seulement de sauver son industrie et sa distribution. Il est de faire entrer le « grand air » de la transformation de sa gestion. Tout se passe comme si, incapables de changer par eux-mêmes, comme on l'a vu, les Japonais espéraient obtenir l'accélération de leur révolution sociétale par la pression extérieure

5. Voir *La Victoire de la Chine*, par Daniel Haber et Jean Mandelbaum, *op. cit.*

(gaï-atsu) à laquelle ils ont pris l'habitude, depuis l'ère Meiji, de céder. Naturellement, et on le verra plus loin, c'est le style même du management asiatique qui est bouleversé par l'entrée des étrangers.

L'exemple de Nissan est emblématique de ce que sera le Japon, redressé, de demain. Conservant les points forts des entreprises japonaises, la compétitivité manufacturière et la vitesse du développement des produits nouveaux, Renault a insufflé de l'efficacité partout ailleurs : conception et design, marketing, communication, gestion du personnel et gestion financière [6]. Nissan a retrouvé, en quelques mois, une compétitivité « globale » qui préfigure celle que recherchent, pour le pays tout entier, les dirigeants japonais. Les relations qui se sont établies entre les cadres de Renault et de Nissan, les compromis passés, les modes de communication et de gestion installés, créent un management nouveau qui intègre ce que chaque société gère le mieux et qui crée de la valeur par l'effet de synergie créé à tous les niveaux de l'entreprise.

Le contexte dans lequel s'est opéré le redressement de Nissan est la remise en question du *deal social*, signé dans les années 1950 par le patronat et les syndicats japonais : emploi à vie et avancement à l'ancienneté contre absence de grèves, zèle au travail et acceptation des changements techniques. Ce *deal* fait aujourd'hui partie des raisons des déséquilibres japonais, déséquilibres dont il faut sortir en introduisant la possibilité de licenciement (le chômage a bondi de 2,5 % en 1995 à plus de 5 % en 2002) et l'avancement au mérite. Les jeunes générations font l'expérience d'une angoisse (trouver du travail… et le conserver) que leurs parents, du moins ceux qui travaillaient dans les *Keiretsu*, ne connaissaient pas. Tous les comportements (consommation, épargne, formation continue, respect de la hiérarchie, créativité, etc.) s'en trouvent durablement affectés. On voit bien qu'à partir de là, par réaction en chaîne, c'est toute la société japonaise qui doit se transformer pour survivre. Elle a déjà, par le passé, accompli cette adaptation et nul doute qu'elle réussira, mais à grand-peine, cette nouvelle révolution sociétale.

La Corée du Sud, autre grande victime des crises, a vu le même processus d'entrée des capitaux étrangers, jusqu'ici filtrés à l'extrême. Renault, encore lui, a racheté Samsung Motors et en a fait un succès. De grands équipementiers français (Valeo, Faurecia) et occidentaux

6. Voir *Citoyen du monde*, par Carlos Ghosn et Philippe Riès, éd. Grasset & Fasquelle, 2003.

(Delphi, etc.) ont également acquis leurs collègues coréens. Dans la distribution, les mêmes Carrefour, Walmart et Costco transforment les habitudes de consommation, jusqu'ici concentrées sur les grands magasins aux prix élevés. L'introduction du *discount* a, comme au Japon, des effets induits sur l'industrie qui se voit « challengée » et obligée de réduire ses prix de vente, donc ses marges, donc ses capacités d'investissement. Les *chaebol* font de la résistance mais ont subi le choc de la crise : certains ont disparu, d'autres (par exemple Samsung) ont cédé des activités entières à d'autres *chaebol* ou à des étrangers.

Au Japon comme en Corée, l'essentiel de l'avenir économique repose sur la capacité de ces pays à dénouer les liens qui maillent les conglomérats (*keiretsu* ou *chaebol*). Ces groupes trop puissants absorbent l'essentiel des crédits bancaires, des aides de l'État, des cadres de qualité, ne laissant pas suffisamment de place aux PME et, plus largement, à l'innovation hors conglomérat. Ils agissent comme des freins, sauf lorsqu'ils sont très bien gérés. Mais cela devient rare car où sont les incitations (concurrence, transparence, gouvernance) à mieux gérer ? Ces conglomérats sont, le plus souvent, devenus des monstres de bureaucratie. L'entrée des étrangers apparaît, aujourd'hui, comme la source unique d'apport managérial efficace.

C'est la raison pour laquelle, dans la seconde partie du livre, nous regarderons de près ce que signifient, en terme de management, ces prises de participation : occidentalisation accrue du management, combinaison gagnante du management occidental et du management local ?

Dans les autres pays d'Asie, on retrouve des phénomènes assez semblables de mise en question des grands groupes proches du pouvoir. Malheureusement, le potentiel économique de ces pays est très éloigné de celui du Japon et de la Corée qui attirent davantage de capitaux étrangers. Les transformations seront nécessairement plus longues.

Mais un pays draine l'essentiel des investissements directs internationaux et en profite pour se transformer très rapidement : la Chine.

La Chine accepte, depuis son ouverture, le « capitalisme » qu'elle appelle « socialisme aux couleurs chinoises »

La politique de la Chine, depuis sa « renaissance » (lancée en 1978 par le « petit timonier » Deng Xiaoping), a été à l'encontre de celles du

Japon et de la Corée : c'est « l'ouverture » qui a été le thème initiateur du « socialisme aux couleurs de la Chine », terme qui désigne l'entrée résolue de la Chine dans l'économie de marché, sinon dans le capitalisme. La modernisation économique, refusée en 1840, est recherchée auprès des étrangers, porteurs de capitaux, de savoir-faire et de modes managériaux.

Mais, pour la Chine, il est absolument clair que modernisation ne signifie pas occidentalisation. Elle s'en assure de deux manières. D'abord, en ayant privilégié l'entrée des capitaux des Chinois d'outre-mer. En fait, dans la période 1979-1989, l'Occident, incrédule, n'a fait que de timides entrées, pas toujours réussies (fermeture de l'usine Peugeot à Canton). Pour l'essentiel, ces capitaux furent ceux de la diaspora chinoise (Taiwan, Singapour, Thaïlande, etc.), souvent *via* Hong Kong. Ensuite, en terme de management, cela a signifié un apport équilibré : les Chinois de la diaspora ont conservé vivace la tradition (confucéo-bouddhiste) chinoise. Le management est familial, les réseaux *(Guanxi)* sont claniques, le cash et le court terme privilégiés. Pourtant, en rupture avec cette tradition s'est développé dans la diaspora un esprit d'entreprise, c'est-à-dire une capacité d'initiative individuelle et de prise de risques.

D'où vient cette capacité ? Tout simplement du colonialisme européen (et japonais) qui, tout au long du siècle d'occupation (1840-1965), a fait cohabiter les expatriés occidentaux (et japonais) avec ces autres expatriés, les migrants chinois qui, ayant fui la Chine, son chaos et sa misère, ont dû s'adapter, pour survivre, à des cultures locales complexes. Travaillant ensemble, comme salariés ou comme partenaires, Occidentaux et Chinois immigrés ont vécu en osmose suffisante pour que les valeurs occidentales (responsabilité individuelle, vision à long terme, intégration du crédit au calcul économique, etc.) soient, au moins partiellement, transmises aux Chinois de la diaspora et suscitent l'apparition d'un être improbable (car contraire à la tradition bouddhiste et confucéenne qui encourage l'acceptation, la passivité et la non-intervention), l'entrepreneur chinois.

Ces entrepreneurs ont été le catalyseur et le fer de lance de l'émergence des pays d'accueil en Asie du Sud-Est. Ces mêmes entrepreneurs sont ceux qui ont répondu à l'appel de Deng, en 1978, et, oubliant les raisons qui leur avaient fait fuir la Chine, sont « revenus à la maison », participer à ce phénomène unique dans l'histoire moderne, la Renaissance du plus grand pays du monde et son entrée, tardive mais rapide, dans le concert des nations.

Les *joint-ventures* et les WHOFE (*Wholly-Owned Foreign Enterprises*, entreprises à capitaux 100 % étrangers) sont le lieu d'application du management moderne importé par les Chinois d'outre-mer. Cependant, à partir de 1992, ce sont les entreprises occidentales et japonaises qui ont pris le relais des entreprises chinoises de la diaspora. Là encore, les *joint-ventures* et les WHOFE sont les lieux où les cultures de management se rencontrent et s'interpénètrent.

Pendant ce temps, les entreprises d'État font l'objet d'une attention nouvelle : leur réforme est un des piliers de la politique du gouvernement, politique lancée par l'ancien Premier ministre, Zhu Rongji, et poursuivie par son successeur. Il s'agit de transformer des bureaucraties en entreprises. Les autorités ont commencé par modifier la structure du capital en créant des sociétés anonymes (dont l'actionnaire est l'État) et en mettant sur le marché (des Bourses de Shanghai et de Shenzhen) une (faible) partie de ce capital. Naturellement, leurs managers ont changé. Le président est désormais choisi pour ses compétences et non pour sa seule fidélité au PCC (parti communiste chinois). Ces nouveaux managers, formés au sein des meilleures universités chinoises et étrangères, ne sont plus empêchés de gérer l'entreprise de façon moderne par des représentants du PCC et de la Fédération des syndicats de Chine. L'incitation à mieux gérer est d'autant plus vive que ces sociétés sont, parfois, concurrencées en Chine même, par des étrangers ou des *joint-ventures* et, surtout, sont de plus en plus engagées dans des développements internationaux.

La croissance chinoise a permis l'épanouissement de grandes entreprises d'État (Sinochem, Sinopec, China Telecom, Haïer, Lenovo, Hisense, etc.) actives dans le secteur concurrentiel et donc incitées à moderniser leur gestion. Dans quel sens ? Ce sera à la deuxième partie de ce livre d'y répondre.

Partie 2

Les firmes globales : lieu de rencontre des valeurs occidentales et asiatiques

En regard du thème, hélas crédible, du « choc des civilisations », la mondialisation a fait surgir des acteurs pour lesquels ce choc serait fatal : les *world companies* (firmes globales) ont besoin d'un monde en paix pour mener leurs affaires.

Or, les affaires ont changé de nature : l'investissement est le moteur de l'internationalisation des entreprises et a remplacé la traditionnelle activité d'import-export. Sur le plan national, on constate la disparition de l'intérêt porté au chiffre, autrefois magique et contesté, du « solde de la balance commerciale », au profit de celui des investissements directs à l'étranger (IDE) reçus ou réalisés avec l'étranger. Ces investissements ont des noms techniques : entreprises conjointes (on dira *joint-ventures*), partenariats (technologiques, commerciaux), alliances (c'est le terme choisi avec sagesse et habileté par Renault et Nissan), filiales, succursales, etc. Mais cette diversité ne doit pas cacher ce que ces dispositifs ont en commun : ils doivent faire travailler ensemble des dirigeants vivant sur des planètes culturelles très différentes.

Dans ce livre, nous avons choisi de mettre en regard deux civilisations : l'occidentale et l'asiatique. Certes, il en existe bien d'autres (Samuel Huntington en a répertorié huit : la chinoise qu'il distingue de la japonaise, l'occidentale, l'hindouiste, la slavo-orthodoxe, la latino-américaine, l'africaine et la musulmane) mais, de notre point de vue, seules les civilisations occidentale et asiatique ont démontré, à ce jour, leur capacité à générer, par leurs propres valeurs, de l'efficacité et, donc, à entrer par elles-mêmes (de façon autonome sinon indépendante) dans la modernité. Par ailleurs, il apparaît déjà clairement que l'Asie orientale (celle qui va du Myanmar au Japon) va représenter une part importante, deuxième seulement derrière l'Occident (qu'il faut supposer encore économiquement non divisé), de l'économie mondiale.

En d'autres termes, une firme globale sera essentiellement une firme fortement établie en Occident (en Europe et en Amérique du Nord) et en Asie (au Japon, en Corée du Sud, en Chine et, plus tard, en Asie du Sud-Est, etc., et, encore plus tard, en Inde). Et, donc, l'efficacité (la compétitivité) de la firme globale sera assise sur sa capacité à faire travailler ensemble des dirigeants occidentaux et asiatiques. C'est la raison pour laquelle nos analyses (et en particulier les recherches entreprises sur le terrain) ont été concentrées sur ces deux grandes civilisations.

Pour entrer dans nos analyses, nous proposons un chemin balisé en trois étapes :

Première étape (chapitre 3), un regard sur ce qu'est l'entreprise globale du XXIe siècle, ses enjeux, ses défis ; la novation qu'apporte l'affirmation des entreprises asiatiques.

Dans une deuxième étape (chapitre 4), nous tenterons de comprendre deux aspects clé de la vision des dirigeants « globaux » : leur lecture des valeurs sur lesquelles est assis leur style de management, leur vision critique de ce style et du style de leur(s) partenaire(s) asiatique(s).

Cette « vision réciproque » nous conduira à la troisième étape (chapitre 5) : réfléchir à ce que pourrait être (et est peut-être déjà parfois, dans certaines firmes) un management global, né de cette autocritique et de cette critique et tentant de générer un *management mix* qui prendrait ce qu'il y a de mieux chez chacun si, naturellement, ce rapprochement était « faisable ».

Cette faisabilité serait le résultat d'un compromis négocié (que nous appelons cooptation) entre les modes managériaux (que nous appelons modes opératoires) propres aux deux civilisations, l'occidentale et l'asiatique.

3 Enjeux et défis de l'entreprise globale du XXIe siècle

Puisque l'entreprise globale est un lieu de rencontre entre civilisations, il est nécessaire d'en cerner les contours, ce qui est plus complexe qu'il n'y paraît. En effet, on le verra plus loin, certains considèrent l'entreprise globale comme une rareté, ou doutent même qu'elle puisse exister. Elle n'est encore, pour beaucoup, qu'une virtualité.

L'évolution des entreprises modernes : de la grande manufacture à la *world company*

Il a fallu attendre le XXe siècle pour que naisse la grande industrie, notamment automobile (Ford, etc.), fondée sur la chaîne et la recherche d'une grande productivité. Ce fut une révolution dans l'organisation des échanges, dans la mesure où, par sa taille et son ambition, la grande industrie, pour la première fois à grande échelle, intégrait toutes les fonctions de l'entreprise : achat, conception, design, planification, fabrication, contrôle, marketing et vente, promotion et communication (notamment avec l'importance croissante de la marque). Cette intégration a mis en difficulté l'intermédiation commerciale (le négoce industriel) et a fait disparaître de nombreux métiers anciens, fournisseurs de la manufacture et devenus des départements de celle-ci. Le management moderne s'est forgé autour de cette conception de la grande industrie intégrée et les systèmes de gestion ont commencé par être établis autour des grandes fonctions de l'entreprise. Les sous-traitants, encore nombreux, étaient assujettis quand ils n'étaient pas (voir Toyota ou Nissan dans l'automobile) simplement rachetés.

Le processus d'internationalisation de cette grande industrie a d'abord été fondé sur le projet d'exporter les produits les plus finis possible afin de tirer avantage de l'énorme avance de productivité. Les échanges mondiaux, organisés ou non autour de la notion d'avantages comparatifs (*cf.* David Ricardo), ont créé une dynamique positive (les échanges internationaux tirent la croissance mondiale) ou conflictuelle (les « guerres commerciales » ont pris le relais des guerres de conquête ou de colonisation).

Les entreprises des pays européens divisaient le monde en « petite exportation » (en Europe même) et « grande exportation » (vers les autres continents). L'Europe leur apparaissait comme plus commerçante (la part de son PIB exporté – 15-25 % – était substantiellement plus grande qu'aux États-Unis – 5 %). Le solde de la balance commerciale polarisait les attentions, l'excédent étant perçu comme une victoire.

Les grands thèmes du management étaient créés : direction par objectifs, organigrammes verticaux bien hiérarchisés, marketing intégré, ventes spécialisées (marché domestique, petite exportation, grande exportation), publicité et marque garantes de la pérennité de l'entreprise. Dans le secteur manufacturier, la révolution Toyota, pourtant majeure, ne changeait pas fondamentalement ce schéma.

Tout a changé au cours des vingt dernières années avec l'apparition du thème de la mondialisation.

Ce thème est l'aboutissement naturel de trois évolutions qui se sont mêlées : l'abaissement des obstacles aux échanges (conséquence du formidable travail accompli au cours des longs « *rounds* commerciaux » organisés au sein du GATT et qui a conduit le tarif douanier mondial au-dessous de 5 % en moyenne, c'est-à-dire rien !), le rapprochement physique des pays grâce aux immenses avancées en matière de transport, de communication et de télécommunication et, enfin, le surgissement de « l'autre moitié du monde », l'Asie.

Cette mondialisation (que les Anglo-Saxons et les Japonais ont appelée *globalization*) a tout simplement fait éclater la grande industrie manufacturière et ceci de trois manières.

D'abord par la délocalisation des unités industrielles. Le mouvement des « facteurs de production » (matières premières, équipements, capital, ressources humaines managériales) l'emportait désormais sur celui des produits. Le solde de la balance commerciale commençait à perdre tout sens (en parle-t-on aujourd'hui ?) et celui des IDE prenait naturellement le pas.

La deuxième manière fut l'externalisation. Au contraire de la grande industrie intégrée, la firme moderne « se désintègre ». Se recentrant sur son cœur de métier, elle n'hésite pas à pousser loin la logique d'externalisation (commencée par la publicité mais longtemps arrêtée à ce stade) par la sous-traitance d'activités non centrales : la logique de l'avantage comparatif consiste, pour l'entreprise, à concentrer ses ressources propres sur son « cœur de métier » : « faisons assurer par des spécialistes externes (plus productifs) des activités pourtant de plus en plus essentielles (recherche, conception, design, marketing, ventes, gestion de la marque, gestion financière), au nom de la compétitivité ».

La troisième manière est simplement la combinaison des deux premières : elle se produit lorsque les fonctions externalisées sont, à leur tour, délocalisées. Le meilleur exemple est la sous-traitance de la fonction informatique, externalisée et délocalisée en Inde et, demain, en Chine.

À l'issue de ce processus, nouveau, de mondialisation, apparaît l'entreprise « virtuelle » qui n'est plus qu'un assembleur de fonctions dispersées et qui tient par la maîtrise de l'essentiel : la recherche, le style, la distribution, la marque, le capital. Cette entreprise virtuelle (songeons à Nike, Pierre Cardin, mais aussi à Alstom et son ambition « d'entreprise sans usines »... et à bien d'autres) est l'aboutissement souhaité de l'entreprise globale.

Inévitablement, de nouvelles notions managériales se font jour, à commencer par celle de *sourcing* : la séparation des fonctions production, approvisionnement et ventes fait apparaître, spectaculairement, celle de logistique et celle de systèmes d'information. De cette désintégration des fonctions émerge la nécessité croissante de la coordination des fonctions au travers d'équipes *(teams)* : comités de pilotage *(steering committees)*, *task forces*, unités de travail *(business units)*, équipes transversales, etc. Le travail d'équipe *(team-working)* devient le mode principal de gestion des problèmes. Les équipes, parce qu'elles sont composées de manière non hiérarchique, doivent trouver de nouvelles formes de fonctionnement, également non hiérarchiques. Les modalités « réunion », « prise de décision » et « diffusion de l'information » se transforment profondément. Le « liant », le *team-building*, devient un ingrédient essentiel du bon fonctionnement de ces équipes. De nouveaux métiers de conseils (travailler en équipes, construire un esprit d'équipe) se développent, fort heureusement. En fait, tous les modes managériaux se transforment mais il s'y ajoute une autre dimension : les partenariats internationaux.

Les délocalisations ne sont pas des actes simples. Très souvent, elles sont l'objet de partenariats avec des firmes locales, soit imposés par le pays d'accueil, soit lorsque la firme souhaite s'associer à un partenaire qui connaisse les conditions locales (notamment les rapports avec les administrations) et le marché local.

Ces partenariats prennent des formes diverses : accords d'agence et de distribution, accords de sous-traitance industrielle, accords de transfert de technologie, associations (*joint-venture* ou prise de participation comme dans le cas de l'alliance Renault-Nissan).

Mais, quelle que soit la forme choisie, le résultat est le même : au sein de l'entreprise délocalisée, se pose la question du « comment travailler ensemble » entre décideurs issus de cultures différentes.

On retrouve ainsi la problématique développée plus haut, celle du *team-working* et du *team-building*, mais avec en plus la difficulté issue de ce qu'on appelle les « différences culturelles ».

Une novation dans l'économie mondiale : l'affirmation de la culture économique asiatique

Une première fois au milieu du XIXe siècle (l'ère Meiji du Japon) puis à partir des années soixante du XXe siècle, les pays d'Asie de l'Est ont entrepris une émergence économique si puissante et si surprenante qu'elle donna lieu à l'expression de « miracle économique ».

Qu'une civilisation (cette fois-ci, la chinoise) autre que l'occidentale ait pu démontrer qu'elle était productrice d'efficacité, voilà la novation. La modernité n'était plus l'apanage d'une seule civilisation mais pouvait trouver d'autres voies. La prétention de la civilisation occidentale à être seule porteuse de progrès économique, donc sa vocation universelle, était mise en question. Il fallut un peu de temps pour le comprendre. Il fallut, en fait, l'affirmation de la renaissance chinoise, à partir de 1978, pour que l'Occident accepte cette remise en cause.

De leur côté, des penseurs occidentaux avaient commencé une forme d'autocritique : la rationalité poussée à l'extrême tend à effacer d'autres formes d'expression humaine : émotion, intuition, compassion ; l'esprit de raison exacerbé fait oublier celui pour qui tout est supposé être fait : l'homme.

Or, on le verra, et de façon surprenante pour nous, cette modalité alternative de penser est précisément celle dont est porteuse la civilisation sino-asiatique. De là, il sera utile d'analyser les visions réciproques de l'Occident et de l'Asie de l'Est sur les comportements, attitudes, façons d'agir et la conséquence de ces visions sur le management des entreprises, lieu de l'activité humaine par excellence.

Précisément, à quoi ressemblent les entreprises asiatiques ? Elles sont naturellement diverses, mais on peut les ranger en deux grandes catégories : l'entreprise familiale et le conglomérat.

Ce qui frappe, en Asie, c'est le parallèle entre émergence économique et puissance des conglomérats. Ces conglomérats (*zaibatsu* au Japon, *chaebol* en Corée, *state-owned enterprise* et *collective enterprise* en Chine et à Singapour) ont été l'une des pointes du « triangle de fer » (avec l'État et la bureaucratie), ce triangle qui est le fondement de cette croissance accélérée, source de rattrapage, en quelques décennies, de plusieurs siècles de retard.

De même que ce triangle a été une force puis un frein au développement sain de l'économie (d'où les crises dont nous avons parlé), de même les conglomérats d'abord triomphants ont été graduellement perçus comme un obstacle. L'évolution qui a suivi, différente selon les pays, est en cours et forge ce que sera le destin des grands pays d'Asie au XXIe siècle… ainsi que la forme du management de leurs entreprises, ce qui nous intéresse en priorité.

L'entreprise japonaise

En japonais, *kaisha* (entreprise) est un mot un peu magique : le lieu de création de richesse, le lieu principal de structuration sociale, le lieu essentiel de l'expression (souvent, hélas, de sa répression) individuelle. Elle s'est, à l'époque Meiji (à partir de 1868), comme substituée au fief féodal. Dirigée par des bureaucrates issus de la classe des samouraïs, elle a été la nouvelle forme d'expression de la puissance. Elle a intégré les valeurs du *bushido* (la « voie du samouraï », notre code de chevalerie), d'où le respect qu'elle génère. Nulle part ailleurs, l'entreprise n'a été, autant qu'au Japon, respectée et idolâtrée.

L'État de Meiji a suscité la création d'industries nouvelles remises rapidement au secteur privé avec mission de concentrer les ressources et de croître rapidement. Sont nés quatre conglomérats ou *zaibatsu* (*zai* : finance ; *batsu* : clan) privés : Mitsui, Mitsubishi, Sumitomo et Yasuda. Sous forme de holding, ces conglomérats ont établi des empires horizontaux en regroupant toutes les formes les plus diversifiées de l'activité humaine : banque, assurance, commerce, fabrications de toutes sortes. Drainant les meilleurs cerveaux et l'essentiel des disponibilités financières, elles ont laissé peu de place à l'entreprise familiale, réduite soit au rôle de simple sous-traitant, corvéable à merci, soit à celui de fournisseur de proximité, artisan plus qu'industriel. Cette dualité de l'économie japonaise a souvent été mise en avant par les analystes comme une spécificité. Il est arrivé au Japon ce qui est arrivé en Allemagne : ces conglomérats, comme les *kartels* allemands, ont soutenu la clique militaire arrivée au pouvoir à l'occasion de la grande dépression des années 1920 et 1930 et ont accompagné (suscité parfois) l'effort impérialo-colonialiste. Ce sont les *zaibatsu* qui ont colonisé Taiwan, la Corée, la Mandchourie. Elles ont utilisé la main-d'œuvre locale comme des esclaves, n'hésitant pas à en installer (il reste, au Japon, 600 000 Coréens « importés » dans les années 1930 et 1940) au Japon même. Le féodalisme des *shoguns* a été intégralement installé au cœur de ces nouveaux fiefs et le management des *zaibatsu* en a été le reflet : management par le haut, extrême hiérarchie, discipline et éthique de fer, mobilisation permanente, fierté d'appartenance et dévotion absolue aux objectifs du groupe.

L'anéantissement du Japon « féodal moderne », en 1945, fut suivi de sept années d'occupation américaine. L'imposition de la démocratie a commencé avec la dissolution des *zaibatsu* et la mise à l'écart de leurs dirigeants. Les entreprises membres de *zaibatsu* se sont retrouvées orphelines du fait de la disparition (et de l'interdiction inscrite dans la Constitution) des *holdings* et ont eu du mal à trouver leur propre chemin tant l'organisation ancienne était centralisée. C'est la raison pour laquelle, dès que les Américains furent partis (traité de San Francisco en 1951), les orphelins n'ont eu qu'un seul souci : se regrouper à nouveau. En créant des lieux de rencontres régulières (« Club du premier mardi du mois », etc.), les patrons des orphelins ont recommencé à se parler et à envisager des actions communes.

Ce processus se termina par un procédé classique d'échanges de titres, donnant naissance à une forme nouvelle de conglomérat, le *keiretsu* (*cai tuan* en chinois), groupe autocontrôlé. Seuls quelques pourcentages d'actions furent mis en Bourse (d'où une Bourse de Tokyo peu dynamique). L'absence des holdings fut remplacée par la prééminence de deux acteurs du groupe, ceux qui avaient le privilège d'une vision d'ensemble de ce groupe : la Banque et la *sogo shosha* (la firme de commerce, nationale et internationale). Aujourd'hui, dire que l'on traite avec Mitsui ne veut rien dire puisque la holding n'existe plus. Il faut préciser avec quelle entreprise du *keiretsu* Mitsui : Mitsui Bank,

Mitsui Corp. (la *sogo shosha*), Mitsui Shipbuilding, Mitsui Chemicals, etc. ?

Naturellement, le management a évolué, d'autant que les *keiretsu* furent les signataires du *New Deal Social* négocié entre syndicats et patronat dans les années 1950 : emploi à vie et avancement à l'ancienneté furent la contrepartie d'une coopération syndicale visant à agrandir d'abord le gâteau avant de le partager. En termes de management, l'aspect le plus spectaculaire a été l'approfondissement de ce *New Deal Social* à l'intérieur de l'entreprise.

La technostructure n'avait aucune légitimité financière (les actionnaires sont dispersés et nul n'est en position de « référence »). Elle arrivait au pouvoir tard (à 55 ans et seulement pour une brève période de trois à six ans), à l'issue d'une lente promotion à l'ancienneté (confortée par le diplôme d'origine, le plus prestigieux étant celui de l'université de Tokyo, voire de Kyoto). Ces dirigeants ont un sentiment aigu de leur précarité et de la relativité de leur puissance. Ils l'exercent donc avec prudence, en tenant compte de toute la ligne hiérarchique.

De ce système est né le « management par consensus » où les décisions parcourent un double circuit *top-down – bottom-up* et où elles sont sanctionnées par l'apposition du sceau, à l'encre rouge (le *han*), de tous les protagonistes, à divers niveaux hiérarchiques : la décision est collective, l'échec partagé autant que la réussite. On l'a vu, cela n'a pas empêché (cela a même favorisé) un dynamisme formidable, ce qui montre le potentiel d'efficacité de la décision collective. On y reviendra.

En parallèle à la reconstitution des *keiretsu*, sont apparus des conglomérats verticaux autour des grandes industries nouvelles : automobile (Toyota, Honda, Nissan), électronique (Sony, Matsushita), textile (Toray), chimique (Showa Denko, etc.), etc. Ce qui les caractérise, c'est l'individualisation des dirigeants. Ce sont de véritables patrons, créateurs d'entreprise et exerçant une autorité toute-puissante, respectés pour leur compétence et leurs succès : M. Morita chez Sony, M. Matsushita, M. Honda, M. Toyoda, etc. Ils sont les véritables sources de la puissance du Japon moderne, ceux qui ont amené le Japon à devenir, en 1985, la deuxième puissance mondiale derrière les États-Unis, ce qu'elle est encore aujourd'hui.

C'est au sein de ces firmes qu'est né le management japonais moderne et surtout la « machine qui a changé le monde » : le toyotisme. En transformant la chaîne *fordiste* en ateliers autonomes, en replaçant l'homme, l'ouvrier (l'opérateur dit-on maintenant) au centre du processus industriel (cercles de qualité et de suggestions) en évitant soigneusement le « trop d'organisation » (les chefs d'atelier) et le « trop de sécurité » (les stocks), les hommes de Toyota ont réalisé un bond de productivité qui fut la base, et l'est encore en partie, du succès japonais. On verra plus loin (chapitre 4) les valeurs (confucianisme) sur lesquelles reposent ces modes managériaux bien spécifiques. En tout cas, ils ont fait la preuve d'une extraordinaire efficacité au point qu'ils sont devenus le standard mondial de la production. Pour la première fois, une forme non occidentale de management s'imposait comme mode universel : la révolution *toyotiste* mérite son nom.

L'évolution récente du paysage entrepreneurial japonais est marquée par la longue crise de Japan Inc. (1991-2005) qui, par sa durée, est devenue « structurelle ». Cette crise est la sanction d'un système qui ne fonctionnait plus : généralisation, donc banalisation, du *toyotisme* dans le monde, arrogance fondée sur un succès temporaire et perte des repères éthiques : il n'en fallut pas plus pour que le Japon, ayant entrepris d'acheter le monde (à partir de 1985), finisse par perdre la tête (mauvais investissements, accumulation des *bad debts*).

Les deux cœurs du *keiretsu* furent les premiers à payer le prix de l'arrogance : cause et victime de la crise de 1991, la banque japonaise a montré ses limites (gouvernance, transparence) et surtout le caractère non économique du système des *keiretsu*, dans lequel la banque du groupe se devait de financer les investissements et d'assurer les fins de mois des membres du groupe. C'est ainsi que Nissan, au sein du *keiretsu* Fuyo (créé après la guerre par la Fuji Bank), a pu prolonger ses errements et les aurait encore poursuivis si la crise de liquidité des banques n'avait pas terrassé la Fuji Bank.

Quant aux *sogo shosha*, elles subissent de plein fouet les changements apportés par la mondialisation : investissements outre-mer qui l'emportent sur les exportations, reprise en main par les groupes industriels de leur distribution, nationale et internationale. Leur déclin est inscrit dans l'histoire et nombreuses sont celles qui ont déjà disparu, absorbées par les cinq plus grandes (Mitsubishi Corp., Mitsui Corp., Sumitomo Corp., Marubeni et Itochu).

Certes, pour les cinq grandes, un redéploiement d'activités a permis leur sursis : accompagnement des industriels dans les investissements outre-mer, organisation de la logistique du *sourcing*, consolidation de leur position de producteur (à l'étranger) de matières premières, créateur d'activités nouvelles (nouvelles technologies mais aussi distribution de détail), etc.

Mais les *keiretsu* sont touchés, et les premiers à disparaître, sous forme de lente dilution, sont les trois créés après-guerre par des banquiers. La recomposition du système bancaire, en associant des banques de différents *keiretsu*, rend peu lisible la composition des groupes et permet de réaliser le « rêve américain de 1945 » : normaliser le Japon dans ses structures économiques.

Les firmes japonaises deviennent plus libres mais aussi plus vulnérables. Très vite, le *New Deal Social* apparaît comme intenable. Le chômage s'accroît (il double en cinq ans, de 1994 à 1999, de 2,5 % à 5 %) et avec lui disparaît le « trésor » chéri des salariés japonais (du moins ceux qui travaillaient au sein des *keiretsu*) : l'emploi à vie. Lorsque Renault achète 44 % de Nissan, il procède à la fermeture de cinq usines et licencie 12 000 personnes, libérant les entreprises japonaises du mythe de l'emploi à vie et précipitant les licenciements dans tout le Japon. De même, l'avancement à l'ancienneté se heurte à l'interrogation : « Comment garder des dirigeants qui ont conduit leur firme à sa perte ? » Carlos Ghosn, nous le verrons plus loin, a su résoudre ce dilemme avec élégance.

L'entreprise coréenne

Premier Dragon à émerger derrière le Japon, dès les années 1960, la Corée du Sud, ancienne colonie japonaise (1910-1945), a calqué ses nouvelles structures économiques sur celles du Japon.

L'équivalent coréen du *zaibatsu* est le *chae-bol*. Des holdings, donc, dirigées par des *self-made men* dynamiques, n'ayant peur de rien et surtout pas de leur administration avec laquelle ils ont passé des accords (implicites ou explicites) qui leur laissent les coudées franches.

Ces conglomérats horizontaux se diversifient sans cesse et accumulent toujours davantage les défauts, dénoncés plus haut, des *zaibatsu/chae-bol* : accaparement des meilleures ressources humaines et des liquidités disponibles, manque de transparence, absence de gouvernance (le patron, de droit divin, décide de tout : ce système féodal est encore parfois en place aujourd'hui !).

La Corée, en tant que victime (colonisation japonaise, guerre de Corée), ne pouvait être punie, donc modernisée, par des occupants. Les militaires en place, soutenus par les Américains, activent alors une politique de concentration des ressources (et de « triangle de fer »). Les résultats sont prodigieux. La Corée du Sud décolle et devient, en 1996, le dernier membre de l'OCDE. L'année suivante, elle subit la crise économique la plus violente de toute l'Asie. Cette crise amène l'opposition (sociale-démocrate) au pouvoir. Kim Dae Jung s'attaque immédiatement au pouvoir excessif des *chaebol* mais ne réussit qu'en partie : Daewoo sombre mais Hyundai, Lucky Group (LG) et même Samsung (au prix de cessions importantes, tel son secteur automobile vendu à... Renault) conservent leurs positions et même les consolident.

Contrairement au Japon, il n'y a pas normalisation mais poursuite d'une exception culturelle-économique qui ne permet pas au management coréen de se moderniser totalement. Les seules exceptions sont les *joint-ventures* avec les étrangers, autorisées par un gouvernement qui n'a plus le choix. Par exemple, Saint-Gobain rachète Hankook Glass et fait entrer le président de cette grande firme coréenne au conseil d'administration de Saint-Gobain.

L'entreprise chinoise

Il y a peu à dire, sur le plan managérial, de l'entreprise familiale chinoise émigrée (les Chinois d'outre-mer) : concentration de l'autorité au sommet, népotisme généralisé, décisions « intuitives », vision à court terme.

Cela n'empêche pas le succès. Celui-ci s'appuie d'abord sur les réseaux (les *Guanxi*) qui permettent d'établir des flux commerciaux à travers toute l'Asie du Sud-Est (Hong Kong, Taiwan, Singapour, Malaisie, Philippines, Indonésie, Viêtnam, Laos, Cambodge et Birmanie) où la diaspora chinoise est installée, parfois depuis longtemps (XVIIIe et XIXe siècles). Dans chaque pays, les Chinois riches finissent par s'allier, de diverses manières, à la *nomenklatura* locale (ministres et hauts fonctionnaires) qui appuie leur développement. Ce qui permet la diversification des firmes chinoises vouées au commerce, dans la banque, l'industrie et surtout dans l'immobilier. La croissance, donc l'urbanisation accélérée, de toute la région enrichit rapidement ces firmes familiales. Dans les meilleurs cas, la seconde génération étudie à l'étranger et introduit une gestion à l'occidentale mais dans le « respect des traditions » : première conjugaison managériale qu'il nous faudra regarder de près.

Cependant, ces grandes entreprises familiales chinoises (Hutchinson-Whampoa et Hang Lung à Hong Kong, CP en Thaïlande, Formosa Plastics et Président à Taipeh, etc.) rencontrent un obstacle à leur développement : elles sont situées sur de petits marchés. L'ouverture de la Chine a été une heureuse, et indispensable, surprise pour ces *tycoons* (magnats) de la diaspora. Cela explique que, dès le signal de changement d'orientation, d'économie du marché, annoncée en 1978 par Deng Xiaoping, ils n'aient pas hésité à apporter en Chine leurs capitaux et leurs savoir-faire.

La première phase de développement accéléré de la Chine (1979-1989) est le résultat direct de l'afflux de capitaux en provenance de cette diaspora. Le management très spécifique des firmes chinoises d'outre-mer pénètre en Chine *via* les investissements chinois d'outre-mer et les *joint-ventures* qu'ils suscitent. Les partenaires locaux de ces *joint-ventures* sont une forme particulière d'entreprises : les SOE *(State Owned Enterprises)*, entreprises publiques de l'État de la République populaire de Chine. Ces SOE ont traversé le maoïsme pour se retrouver au premier rang des réformes entreprises par Deng et ses successeurs.

Au départ, une SOE est une unité de travail, une *danwei*. Ce n'est pas une entreprise mais un lieu où se regroupent divers intérêts (nous dirions des *stakeholders* ou « parties prenantes ») : celui du PCC qui y définit sa politique et celui des travailleurs qui y trouvent pitance et sécurité (le fameux « bol de riz en fer » – *tie fanwan*, semblable à l'emploi à vie au Japon). Mais la municipalité, la province, le ministère, bref tous les fonctionnaires (naturellement membres du parti) ont leur mot à dire ainsi que les fournisseurs et les clients (c'est-à-dire, le plus souvent, des administrations ou d'autres SOE). L'objectif initial du *danwei* n'est pas de faire du profit, mais de garantir aux travailleurs un lieu sécurisé pendant toute leur vie et celle de leurs enfants. Dans ces micro-sociétés, on trouve tout : les usines et les bureaux, bien sûr, mais aussi les écoles (du jardin d'enfants au lycée et même parfois à l'université), l'hôpital, la poste, la banque (le point d'épargne ou *chu xu suo*), des magasins, des restaurants, le marché, etc. Chacun a son rôle dans cette société et les employés se considèrent comme « frères et sœurs » *(xiong mei)* ou « cousins et cousines ». Les responsables doivent maintenir une harmonie totale entre tous les personnels (et leur famille). Il n'est pas question de faire « perdre la face » *(diu lian)* à quiconque ou de licencier. La plupart des SOE sont organisées de façon militaire, c'est-à-dire numérotées et strictement hiérarchisées. Par exemple, une SOE automobile est appelée *First Automobile (Yi Qi)*, ou *Second Automobile (Er Qi)*, etc. C'est pourquoi le management de ces SOE est totalement bureaucratique : autorité par le haut, organisation verticale, stricte hiérarchie, arbitraire, absence de cohérence, parfois d'objectifs clairs. Pour les subordonnés, le « jeu » consiste à en faire le moins possible (la politique dite des « bras ballants).

Pourtant, sous la pression du pouvoir politique, certaines SOE deviennent de grandes firmes efficaces, bénéficiant de monopoles régionaux, voire nationaux. Quant aux relations avec l'étranger, elles passent par un filtre du PCC, les « corporations d'import-export » (les *China Corp.*), sortes de *sogo shosha* publiques mais spécialisées par grands types de produits. C'est avec ces SOE que les investisseurs étrangers, de la diaspora chinoise d'abord puis de l'Occident et du Japon, ont dû négocier et travailler. Quel défi !

Le plus extraordinaire est que ces SOE aient évolué ; pas toutes, hélas, et le grand nombre resté dans le cadre des *danwei* (notamment parmi celles qui n'ont pas de partenaire étranger) pèse sur la croissance globale du pays en drainant des ressources financières (pour combler leurs déficits) qui seraient bien plus utiles pour construire les infrastructures et les nouvelles activités. Zhu Rongji, le Premier ministre des années 1990, avait fait de la réforme de l'entreprise d'État son principal objectif. Il a en grande partie réussi : non seulement les *joint-ventures* fonctionnent plutôt bien mais des SOE 100 % chinoises sont devenues des entreprises puissantes, modernes, dynamiques et, surtout, désormais tournées vers l'extérieur. De grandes SOE traditionnelles telles que SP (State Power Corp. of China), CNPC (China National Petroleum Corp.), Sinopec (China National Petrochemical Corp.), CNOOC (China National Offshore Oil Corp.), China Telecom, Bank of China, China Mobile, Sinochem Corporation (China National Chemicals Import & Export Corp.), China Construction Bank, COFCO (China National Cereals, Oils & Foodstuffs Import & Export Corp.), Agricultural Bank of China, mais aussi de nouvelles entreprises comme Haier, Lenovo, Hisense, Tsing Tao, TCL, PAIC, Ping An, Shinco Electronics, Huawei Technology Ltd, Li Ning Sport (le Nike chinois) sont des entreprises où des patrons modernes, issus du PCC mais à l'esprit ouvert, ont introduit des formes efficaces de management. Nous le verrons, ces dirigeants n'admettent pas de suivre un quelconque management occidental mais imposent un chemin *sui generis* qui, par bien des côtés, est une rencontre des deux cultures de management, l'occidentale et la chinoise étatique.

L'Asie de l'Est de ce début du XXIe siècle (et notamment sa partie Nord : Japon, Corée du Sud, Chine) offre ainsi une image managériale diverse mais engagée dans la modernité.

Les grandes entreprises de la région sont toutes engagées dans un processus d'internationalisation qui les oblige à trouver des « ponts » avec les firmes occidentales, donc des rapprochements managériaux : pour négocier, acheter, vendre, gérer en commun, transférer des technologies. Nous arrivons ici au cœur de ce livre consacré à la rencontre de deux grandes civilisations et à l'effet de cette rencontre sur le management des firmes globales. De même, on trouve en Asie des PME dynamiques, des *start-up* engagées dans les nouvelles technologies et, donc, avec la nécessité de communiquer avec le reste du monde, en temps réel. Enfin, experts et scientifiques du monde entier rassemblent leurs forces pour s'attaquer aux grands défis de ce siècle : biologie et génétique, nouveaux matériaux, technologies de l'information, robotique, épidémies mondiales (voir le SRAS) et environnement. Tout cela réunit les énergies et les intelligences du monde entier et il faut donc que les façons de gérer s'adaptent à cette nouvelle situation.

La problématique du « travailler ensemble en milieu polyculturel » devient ainsi centrale. Les firmes globales occidentales sont pratiquement toutes engagées dans des partenariats avec les firmes d'Asie du Nord. De plus, ces partenariats sont souvent croisés : firmes coréennes alliées à des firmes japonaises, occidentales ou hongkongaises pour entrer en Chine, et toutes les autres formes imaginables de croisement. Ce sont bien deux civilisations mais plusieurs cultures qui doivent désormais se concilier, trouver des compromis, des passerelles et, en fin de compte, peut-être (c'est l'un des objets de ce livre d'en livrer des pistes) générer une forme nouvelle de management global qui intègre les valeurs de toutes ces cultures.

Cette recherche, difficile car sans horizon bien défini, est explicitée dans les chapitres qui suivent.

4 Valeurs et visions

Gérer une entreprise c'est, souvent implicitement, mettre en scène des comportements, individuels et collectifs, en ligne avec les valeurs des cultures dans lesquelles des hommes, les managers comme les managés, sont plongés.

Gérer une entreprise globale c'est, surtout pour les dirigeants, tenter de sortir de ce « bain obligé », de leur vision imposée par les circonstances pour regarder ailleurs et plus loin, identifier (et finir par comprendre) d'autres valeurs, d'autres visions, et accepter le défi d'autres comportements pour, en fin de compte, envisager d'intégrer ces comportements « autres ».

La pression sur les entreprises pour changer de vision est forte car l'entreprise globale est présente dans plusieurs « aires culturelles » et cette présence est multiple et complexe : la fabrication mais aussi le marketing et la vente et, demain de plus en plus, la conception, le design, la recherche et développement, la formation continue sont dispersés, géographiquement, sur la Terre entière. Quelle unité donner à l'entreprise ainsi éclatée, c'est l'un des grands défis managériaux de notre temps.

Les valeurs sous-jacentes au management occidental

Ces valeurs, même si elles sont souvent implicites, doivent faire l'objet d'une prise de conscience si le manager veut se mettre en position de comprendre, décoder, voire intégrer, les valeurs de ses partenaires étrangers.

Pour rendre lisibles, ces valeurs sous-jacentes nous procéderons à une double recherche : une recherche historique et une analyse des valeurs occidentales… telles que forgées par la pratique en entreprise.

Les valeurs occidentales dans leur contexte historique

L'Occident moderne est le résultat d'un processus d'une trentaine de siècles au moins, un processus qui a vu d'abord les sources antiques enterrées (par la hiérarchie de l'Église catholique) et redécouvertes (par la Renaissance) puis une modernisation (les Lumières et la Révolution) qui a voulu donner encore davantage de liberté à l'homme. Les déviances d'une modernisation mal exécutée ont suscité deux critiques, une interne et une externe, qui ont permis d'engager l'Occident dans un « post-modernisme » plus équilibré. Cet équilibre est-il atteint ? Le désordre actuel peut en faire douter. On le verra, les autres civilisations doutent de l'Occident, mais ont-elles mieux à proposer ?

La civilisation occidentale se nourrit de deux sources antiques qui, distinctes, se sont rencontrées pour créer une vision spécifique de l'univers, celle où l'homme est choisi par un dieu transcendant pour faire progresser la Terre. La source judéo-chrétienne a inventé le monothéisme (peut-être déjà présent dans l'Égypte ancienne), la source gréco-romaine a installé le citoyen. La somme des deux apports a mis l'individu au centre du monde et l'idée de progrès au centre de l'activité humaine. La puissance de l'individu a une contre-partie : son sens de la responsabilité, notamment devant Dieu (et ses commandements) et devant l'État (et ses lois).

Ces deux sources ont dérivé au cours des siècles, durant le long Moyen Âge qui, même s'il est aujourd'hui réévalué, a généré une image de stagnation économique et sociale. Le service de Dieu a été monopolisé par l'Église, de sorte que l'individu, quittant son tête-à-tête avec lui, s'est vu imposer la hiérarchie de cette Église. De son côté, l'État a été capté par un autocrate (roi, empereur) qui a organisé une hiérarchisation de la société, le féodalisme. Quant à l'homme au travail, s'il n'était pas serf, il était invité à rejoindre des associations, les guildes, qui encadraient sa liberté.

Cette hiérarchisation totale de la société occidentale au cours du Moyen Âge la rapproche, on le verra, de la société confucéenne asiatique où l'individu est plus ou moins totalement subordonné aux groupes et clans dont il fait partie.

La Renaissance est le mouvement « miraculeux » qui a redonné à l'individu sa liberté et à la société la confiance en l'avenir. Elle marque un double retour aux sources : la tradition grecque avait été transmise par l'islam andalou ; la Réforme bousculait l'Église et redonnait à l'individu sa capacité de dialoguer directement avec Dieu. Surtout, le protestantisme apportait une autre vision du profit et de la richesse : ceux-ci sont le signe de l'élection divine, à l'opposé du « bienheureux les pauvres » du christianisme.

Enfin, les grandes découvertes élargissent l'horizon de l'homme européen et font de lui un conquérant universel, porteur de ses valeurs avec fierté.

La philosophie des Lumières poursuivit ce travail de reconquête de l'individu par lui-même, initié par la Renaissance. Elle fournit à l'individu des outils de gestion qui furent les facteurs d'accélération du profit et la base de l'immense prospérité de l'Occident. Ces outils de gestion sont la raison, la logique et la science, tous outils qui ont fondé le management occidental moderne.

Le XIXe siècle vit l'invention du capitalisme, que l'on peut caricaturer comme la jonction du libéralisme économique (le libre marché) et politique (la démocratie). Sur le plan économique, Adam Smith concilie l'individualisme (la poursuite égoïste de son intérêt) avec l'intérêt général au moyen du concept de « main invisible » sous la condition que les individus soient en concurrence réelle (pure et parfaite). Dans l'ordre politique, le libéralisme, qui avait déjà mis en place les droits (et les devoirs) fondamentaux de l'individu, installe les pouvoirs (et leur séparation) qui expriment le vœu des individus… à travers leurs représentants.

Le capitalisme a conquis la planète. Le colonialisme, l'impérialisme ont porté les valeurs du capitalisme sur tous les continents. Partout, l'exploitation coloniale a pris la forme de l'installation des firmes occidentales (puis japonaises) dans des aires culturelles différentes.

Peu de tentatives furent menées pour apporter, à cette époque, la démocratie. En revanche, les pays conquis ont appris ce qu'était l'entreprise occidentale : et celle-ci n'est pas une démocratie. La firme privée est sous l'autorité absolue de son propriétaire. La hiérarchie est claire, les méthodes simples et les objectifs sans honte : amasser des profits. Ce qui va cependant frapper les esprits locaux, c'est la capacité d'individus à risquer leur argent, voire leur vie, à l'autre bout de la planète. Ces aventuriers sont des entrepreneurs. Travaillant pour ces êtres d'exception, de nombreux employés locaux vont assimiler leur esprit d'entreprise. Ainsi sont nés, tout autour du globe et dans des cultures qui n'y préparaient pas, les entrepreneurs des nouveaux mondes. L'exemple, déjà cité, des Chinois de la diaspora en est l'illustration la plus spectaculaire.

Mais, justement, parce que l'entreprise de l'époque n'intègre pas les progrès démocratiques de la société, elle génère des inégalités, des injustices, bref des déséquilibres que l'on appellerait aujourd'hui des fractures sociales, et ce en Occident même.

Des excès de l'entreprise individualiste sont nées des critiques structurées. La critique externe, la plus connue, est celle de Marx (précédée des utopistes, tels Proudhon et Fourier). La critique interne est celle des managers éclairés et des penseurs libéraux qui, au nom même de l'efficacité, proposeront, et proposent encore, des moyens d'humaniser l'entreprise, de la rendre plus solidaire, plus équitable, donc plus performante.

La critique marxiste est sans appel : le capitalisme atteint l'homme dans sa dignité même. C'est l'exploitation qui fait de l'homme une machine. Pour inverser cette situation, il faut remettre l'État au centre pour protéger l'homme de lui-même. Représentant l'intérêt général, l'État assure la dignité de chacun et peut lui promettre un « avenir radieux ». On sait comment cela évolua. L'État socialiste, très vite accaparé par une minorité, ne resta (s'il l'avait jamais été) ni légitime, ni démocratique. Les garde-fou devinrent une oppression. La bureaucratie envahit le management, en lui imposant les mêmes contraintes : hiérarchie, autorité, discipline. L'entreprise semble évoluer : c'est le peuple qui est actionnaire, mais l'unité de travail est subordonnée à une quantité de parties prenantes *(stakeholders)* souvent contradictoires et perd ainsi en efficacité. L'ensemble d'une économie portée par des entreprises inefficaces ne pouvait que sombrer.

Plus efficace est la critique interne.

Le syndicalisme, né du marxisme, s'adapte aux conditions spécifiques des pays occidentaux et démocratiques, et accepte de négocier. Sur le plan politique, le socialisme puis la social-démocratie participent à cette évolution que les nationalisations traduisent en actes : l'intérêt général est restauré face aux « égoïsmes individuels ».

Mais c'est de l'intérieur du capitalisme que surgissent les critiques les plus claires, les plus fondées et cela au nom, à la fois, de l'efficacité et de la dignité humaine, de l'équité et de la solidarité. Nombreux sont aujourd'hui les éléments qui ont été intégrés dans l'entreprise du XXe et du XXIe siècle par des dirigeants ouverts, soucieux de concilier précisément efficacité et dignité. L'entreprise occidentale d'aujourd'hui ne ressemble en rien à celle du XIXe siècle même si elle produit encore parfois des images négatives, notamment auprès des autres civilisations.

Parmi les éléments nouveaux qu'il faut mentionner, il y a une analyse scientifique nouvelle sur le fonctionnement du cerveau humain : le cerveau droit des émotions, le cerveau gauche de la raison sont tous deux sollicités en même temps. Privilégier la raison, c'est se priver de l'émotion, de l'intuition, de la sensibilité, de la créativité même. Réconcilier les deux parties de notre moi conduit à davantage d'efficacité. Cette tendance doit être mieux expliquée, notamment en Asie, où elle trouverait une oreille intéressée.

Voilà un « pont » jetable entre l'Occident et l'Asie.

De même, l'essor de la réflexion éthique constitue le nécessaire rempart au scientisme qui a fait de la science un bien en soi, sans considération pour ses effets inattendus parfois dangereux.

L'Occident, s'il est resté capitaliste, a su introduire de sérieux contre-pouvoirs à la liberté individuelle de l'entrepreneur. Du reste, il s'est divisé, selon le génie propre de chaque pays, en capitalismes distincts : capitalisme anglo-saxon (guidé par la loi, notamment la loi anti-trust), capitalisme rhénan (économie sociale de marché), capitalisme latin (économie sociale-étatique de marché), capitalisme scandinave (économie contractuelle de marché).

On peut les rapprocher des capitalismes asiatiques : capitalisme japonais, coréen ou singapourien (économie étato-bureaucratique de marché) et, dernier avatar, chinois (économie socialiste de marché, tel est d'ailleurs le nom inscrit dans la Constitution du pays). Ce sont encore des ponts jetés entre les deux civilisations.

Les valeurs occidentales dans la pratique managériale

À l'issue de ce bref rappel historique, il est possible d'analyser les valeurs qui sous-tendent le management occidental, des valeurs que nous comparerons à celles qui fondent le management asiatique.

❑ *L'individualisme*

La première valeur occidentale, reconnue comme telle par l'Occident comme par les autres cultures, c'est l'individualisme.

L'individu est le centre de l'initiative. Il est l'entrepreneur poussé par l'idée de progrès, guidé par la recherche de son intérêt (le profit) mais responsable, seul, de ses actes et donc prêt à assumer les risques de l'échec. Ce faisant, cet individu rencontre les initiatives et les intérêts des autres : il est en concurrence et cette concurrence même garantit l'équilibre des intérêts, pour le plus grand bien de l'intérêt général.

Cet intérêt général est garanti par la loi qui fixe les règles du jeu concurrentiel afin que ce jeu soit aussi loyal que possible.

Sur le plan des idées, le protestantisme sanctifie le profit. Ainsi l'entrepreneur peut-il développer ses ambitions sans limites : c'est la finalité du capitalisme. Or, le propre de l'entrepreneur est d'essayer d'échapper à la concurrence, d'établir des monopoles. L'individualisme égoïste tue le bel équilibre. Il est autodestructeur.

Qui peut lui éviter ce sort fatal ? D'abord l'État, garant de l'intérêt général. Partout aujourd'hui, quelle que soit la nature politique de cet État, celui-ci a le devoir d'être fort, actif, présent et même parfois directement (les entreprises publiques) dans l'économie. L'État est entrepreneur aussi chaque fois que le libre jeu du marché risque de ne pas bien fonctionner. C'est au cœur du débat actuel du capitalisme occidental, notamment sur le service public. Par ailleurs, les individus peuvent se grouper : syndicats, patronats, associations, groupes de pression compliquent le jeu du libre marché tout en le perpétuant puisque le marché est aussi le lieu où tous ces groupes négocient « librement ».

Que faire contre l'excès de l'individualisme puisque c'est de cela qu'il est question ? La réponse nous conduit à la deuxième valeur du management occidental.

❑ *Le* team-work

Sur le plan politique, c'est encore l'État qui rappelle aux individus qu'ils n'ont pas que des droits mais aussi des devoirs. Faute de mettre en œuvre les moyens d'imposer ces devoirs, on ouvre des « territoires perdus de la République » et la perspective de l'anarchie. Bien des sociétés occidentales se voient poser là un problème existentiel. La force de l'État de droit ne peut plus être considérée par certains comme « antidémocratique ». C'est l'inverse.

Mais dans l'entreprise ? La réponse réside dans la complexité des organisations modernes et la prise de conscience qu'aucun individu, même doué (en France, « super-diplômé »), ne peut tout maîtriser. Il doit partager ses savoirs et surtout combiner incessamment celui des autres. L'expertise globale de l'entreprise, c'est la combinaison optimale de l'expertise des managers et des managés. Le principe organisationnel de ceci est le travail d'équipe *(team-work)*.

La hiérarchie naturelle (féodale, ecclésiastique, etc.) ne répond plus à la situation d'aujourd'hui. Les équipes de travail sont donc souvent hors hiérarchie et transversales. Le travail en équipe (et son corollaire :

l'esprit d'équipe) permet de réconcilier liberté et fraternité, même si l'égalité (de droit à la parole, par exemple) reste temporaire.

On le voit, l'évolution très longue des idées occidentales a produit des formes nouvelles de management, fort éloignées de l'autocratie absolue du propriétaire. La technostructure complète l'actionnariat et c'est leur coopération qui garantit le succès (l'osmose est facilitée par l'attribution de *stock options* par exemple). Il n'est pas certain que ce soit clairement perçu par d'autres civilisations qui continuent d'attribuer à l'Occident des « péchés de jeunesse ». C'est ainsi que le règne de la raison pure est, à son tour, contesté de l'intérieur.

❑ *La raison*

En terme de management, la raison est le fondement des systèmes logiques et organisés qui constituent l'entreprise.

Le rationalisme a conduit à conceptualiser la réalité, à la rendre suffisamment abstraite pour être découpée, analysée et calculée : les modèles mathématiques qui sont la base de décisions entrepreneuriales ont ouvert la voie à d'immenses progrès. Le calcul opérationnel fut ainsi au cœur de l'entreprise moderne.

La principale critique adressée à cette modernisation fut qu'elle finissait par faire oublier pour qui tout cela était fait : l'homme. L'esprit de système finit par être opposé à l'esprit humain.

La critique marxiste n'a pas mis en cause la raison, au contraire presque. Le marxisme a encore renforcé l'abstraction aux dépens des hommes.

En revanche, une double critique interne au capitalisme porta ses fruits et fit évoluer l'entreprise moderne. La première vint des sociologues d'entreprises, américains pour beaucoup, qui continuaient de rechercher les voies de l'efficacité en s'appuyant davantage sur l'homme que sur les systèmes. *The Human Side of Enterprise* , titre d'un livre publié aux États-Unis dans les années 1970, fit grand bruit. Des entreprises créèrent des départements *Organization Development* afin que les organigrammes (c'est-à-dire des systèmes) s'adaptent aux personnes plutôt que l'inverse. Cette préoccupation s'est, semble-t-il, généralisée en Occident, du moins dans les entreprises d'avant-garde.

L'autre critique vint des psychologues et chercheurs neurologues : la raison ne met en œuvre qu'une partie de notre cerveau, le gauche. La partie droite, siège des émotions, a son mot à dire : l'intuition, la sensibilité, la créativité sont des outils de travail tout aussi utiles au bon management que la seule raison. Parmi ces psychologues, il faut citer

Edward de Bono, un Britannique, dont le premier livre *(I am Right, You are Wrong)* disait le fond de la pensée : le rationalisme occidental est destructeur (des idées des autres) et castrateur (des sentiments). Il en résulte une perte de substance terrifiante, en créativité et en efficacité.

Pour susciter la créativité, et surtout la création collective, la plus productive, il propose la « pensée latérale » dont le *brainstorming* est l'outil élémentaire le plus connu. Pour augmenter l'efficacité du travail collectif, notamment au cours des réunions de travail, il propose les « pensées parallèles » où la discussion devient efficace (et rapidement conclusive) si les participants acceptent de rester, par étapes successives, dans des visions semblables : vision positive, vision négative, vision factuelle, vision créative, vision réorganisatrice, etc. Le management asiatique comprend bien ces méthodes qui semblent correspondre au génie naturel de la culture locale.

❑ *La science*

Dans le prolongement de la raison, la science est venue comme un aboutissement auquel tout devait se mesurer. Et il est vrai que l'offre créative (assise sur des départements recherche-développement richement dotés) est une modalité entrepreneuriale bien adaptée à la mondialisation et à la concurrence exacerbée qu'elle suscite.

❑ *L'éthique*

Cependant, la foi illimitée en la science a trouvé ses limites dans l'ignorance de ses conséquences, surtout à long terme. Les catastrophes ont été suffisantes pour que se dresse un contrepouvoir puissant : l'éthique.

Cette éthique a réintroduit le sujet de la science, l'être humain, au profit duquel elle est censée se développer. La foi scientiste a fini par rejoindre la foi religieuse la plus aveugle. En réintroduisant la finalité de la science, l'éthique pose à nouveau des questions de fond et notamment ce qu'est le « principe d'humanité », c'est-à-dire ce qui distingue l'homme de l'animal… et demain du robot avancé.

C'est ici que l'on rencontre une difficulté de « pontage » entre l'Est et l'Ouest. En Occident, l'éthique repose sur des valeurs absolues (les Dix Commandements, la morale naturelle), celles du monothéisme. Mais en Asie, ces valeurs sont relatives, la raison prenant, nous allons le voir dans les pages suivantes, un sens fort différent du nôtre. Cela ne signifie pas, d'ailleurs, que l'éthique asiatique nous soit inférieure : le respect des anciens, l'importance de la transmission des savoirs sont des valeurs que l'Occident ne saurait nier.

Il est donc temps d'évoquer les valeurs asiatiques.

Les valeurs sous-jacentes au management asiatique

La Renaissance décalée dont nous avons fait état implique un retour aux sources, celles de la tradition chinoise qui imprègne l'ensemble de l'Asie de l'Est, du Myanmar au Japon.

De même que l'Europe réalisait sa grande révolution spirituelle, aux XIVe, XVe et XVIe siècles, en réinventant l'individu et le citoyen, l'Asie s'appuie aujourd'hui sur les enseignements de Bouddha et, surtout, de Confucius, pour créer une société moderne et efficace.

Il se trouve que le retour aux sources rencontre, sur son chemin, un Occident triomphant, fort de son avance de cinq siècles et qui, devant le vide, s'est convaincu d'être le seul porteur d'efficacité. Cette prétention occidentale à l'universel est violemment rejetée par l'Asie, mais cette dernière ne peut éviter de lui faire d'importants emprunts, d'où un intense débat à l'intérieur de l'Asie elle-même.

Les sources de la tradition

La Chine est fière de sa civilisation de 5 000 ans et, surtout, de la grandeur de l'Empire (de 221 avant J.-C. jusqu'en 1644, au moment où la dynastie mandchoue des Qing va conduire la décadence du pays jusqu'à l'avènement de la République en 1911), assise sur deux piliers majeurs de la pensée chinoise : le bouddhisme et le confucianisme.

Ces deux piliers principaux sont complémentaires : le bouddhisme *fo jiao*, qui n'est pas tout à fait une « religion » au sens où nous l'entendons en Occident, c'est-à-dire une révélation) s'adresse à chaque individu et lui indique le chemin du bonheur par le renoncement aux biens matériels, par le sens de l'impermanence des choses et par la compassion. Le confucianisme (*long xue*, qui est une philosophie de la société) s'adresse aux dirigeants politiques et indique le chemin du bon gouvernement : à l'intérieur d'une hiérarchie naturelle incontestée, les puissants doivent faire preuve d'humanité, de grandeur d'âme et de vertu. Nés à peu près à la même époque (550 avant J.-C.), ces deux enseignements se sont répandus en Chine. À l'issue d'un processus de plusieurs siècles, et selon des « écrits » nombreux et successifs, ils ont été progressivement adoptés par les empereurs et par le peuple.

Porté par une langue singulière, idéogrammatique, ce système combiné bouddho-confucéen a essaimé dans toute l'Asie, du nord (Corée et Japon) au sud (Asie du Sud-Est, Indochine). Les grandes dynasties des premiers siècles, solidement assises sur cette tradition, sont sources d'inventions (soie, papier, imprimerie, poudre) qui font de la Chine, à juste titre, l'Empire du Milieu.

Les Routes de la Soie apportent à l'Occident une vague idée de ce qu'est cette gloire jusqu'à Marco Polo qui découvre, avec stupeur, cette civilisation brillante. D'une certaine manière, assez faible, on peut parler d'asianisation de l'Europe.

Le retournement a lieu avec les premiers succès de la Renaissance européenne qui, très vite, porte à l'extérieur sa curiosité et ses ambitions. Les jésuites, puis les marchands, enfin les militaires se succèdent, apportant un nombre considérable de « chocs culturels » qui finissent par mettre en mouvement cet « empire immobile », figé dans une tradition qui pousse au conservatisme

C'est bien l'Occident qui provoque les révolutions spirituelles de l'Asie. Le premier choc est celui des jésuites qui mêlent religion et technologie. Le second est celui des marchands qui apportent les produits nouveaux issus des révolutions industrielles de l'Europe et, notamment, les armes. Derrière les militaires, arrivent les colonisateurs. C'est à ce moment, aux XIXe et XXe siècles, que s'opère un transfert d'expérience à grande échelle, entre les expatriés occidentaux (qui gèrent l'exploitation coloniale) et ces autres expatriés que sont les Chinois d'outre-mer qui ont fui la Grande Chine, sa misère, son chaos, et plus tard son communisme. Or, c'est précisément en ces Chinois d'outre-mer que s'opère la grande transformation, la combinaison de la tradition et de l'efficacité. C'est au sein de ce peuple de la diaspora, 50 à 60 millions d'individus, que surgissent les entrepreneurs asiatiques qui font, d'abord, le succès de l'Asie du Sud-Est avant de revenir en Chine, sans crainte, à l'appel de Deng Xiaoping, pour réensemencer la Chine de ses anciennes traditions, pieusement conservées, mais aussi des modes managériaux nouveaux acquis auprès des « barbares » *(gui lao)* occidentaux. Et il se trouve que cette combinaison produit de l'efficacité.

En fait, les valeurs du confucianisme (valeur-travail, valeur-éducation, vertus, valeur du collectif, etc.) apparaissent comme parfaitement compatibles avec celles du libéralisme occidental. À bien y réfléchir, peut-être n'y a-t-il entre les deux civilisations, occidentale et asiatique, que la distance créée par une histoire « décalée » (l'Asie restant plus longtemps féodale, la Renaissance ne s'y produisant qu'avec cinq siècles de décalage), par une géographie caractérisée par l'immensité de l'Empire chinois et par l'absence d'une religion révélée en Asie, absence qui conduit au relatif plutôt qu'à l'absolu.

En tout cas, en pratiquant une philosophie sociétale confucéenne, les pays d'Asie montrent une capacité à gérer la complexité des technologies modernes. Ces pays peuvent donc mettre en avant leurs valeurs particulières, issues d'un *mix* complexe : confucianisme, bouddhisme, mais aussi *Art de la guerre* de Sun Zi, taoïsme (dont le fameux *« yin et yang »* qui propose la complémentarité des contraires, prône la « Voie moyenne » – *zhong yong*) et suggère le « non-agir » – *wu wei*), sans oublier le légisme qui rejoint la règle de droit occidentale en cadrant les comportements humains par un tissu de lois.

Les bons résultats déjà obtenus ne sont pas sans effets : l'Asie, dès aujourd'hui, pense qu'elle a, à son tour, un modèle à proposer, un modèle alternatif (ou complémentaire) à celui de l'Occident. Nous le verrons plus loin.

Il reste pourtant un débat. L'Asie n'aurait-elle pas droit aux bienfaits de la civilisation occidentale : démocratie, droits de l'homme ? Peut-être existe-t-il, malgré tout, des valeurs universelles, même si elles se sont, historiquement, d'abord manifestées en Occident. C'est ce que pensent de nombreux intellectuels d'Asie, souvent persécutés : Aung San Suukyi en Birmanie ou José Ramos-Horta (prix Nobel de la paix) au Timor Oriental.

De même, un autre prix Nobel d'économie, l'Indien Amarya Sen, met en doute une prétendue efficacité propre aux valeurs asiatiques. Il met en avant des facteurs communs qui, tour à tour, ont fait émerger l'Occident et aujourd'hui l'Asie : le rôle de l'éducation, l'harmonie des relations interpersonnelles, l'équilibre marché-État.

Ces rappels à une juste appréciation des valeurs ont leur mérite : ils indiquent qu'il importe d'éviter une arrogance culturelle qui empêcherait les nations de lancer des ponts entre cultures, de promouvoir l'entente et la coopération, et les entreprises, grâce à la paix, d'accumuler les profits. Cela aussi, nous l'étudierons plus loin.

L'aspect positif des valeurs confucéennes

Malgré des doutes sur sa réelle efficacité, il est utile d'analyser plus en détail ce qui constitue aujourd'hui le pilier de la pensée politique et managériale de l'Asie : le confucianisme.

Corps de doctrines destinées aux gouvernants politiques, le confucianisme est devenu la philosophie sociale de tous les pays d'Asie (même si certains, la Thaïlande ou la Birmanie par exemple, semblent davantage marqués par le bouddhisme) et représente le fond commun des gouvernements et des dirigeants d'entreprises. C'est le résultat d'un ancrage très fort de cette pensée dans l'inconscient collectif asiatique, transmise par l'éducation de la mère, l'école, l'armée… et l'entreprise.

Ces valeurs rencontrent les tendances lourdes de l'entreprise moderne : prise en compte des salariés (à tous les niveaux), travail en équipes (souvent équipes « transverses », hors hiérarchie, au sein desquelles il faut dégager des consensus ou des compromis), auto-motivation, importance des réseaux.

Peut-être faut-il voir, dans cette « rencontre historique » du confucianisme et du management moderne, l'explication principale des succès asiatiques actuels. En tout cas, les jeunes managers asiatiques, qui ont étudié dans les pays occidentaux, sont convaincus de cette entrée en résonance qui justifie leurs ambitions et conforte leurs certitudes d'être porteurs des valeurs « aujourd'hui nécessaires ». Quelles sont, plus précisément, ces valeurs ?

Les valeurs positives traditionnelles s'adressent au « bon comportement » des leaders plus qu'à leur expertise technique.

❑ *L'humanité* (Ren)

L'humanité est la valeur première. Elle exprime que l'homme est bon mais que c'est l'exercice du pouvoir qui corrompt. Le leader doit donc faire la preuve de sa bienveillance. Le management humain comporte une dose élevée de ce que nous appellerions « paternalisme » mais qui, en Asie, structure les rapports hiérarchiques. En contrepartie, le subordonné doit faire preuve de volonté de travail, de perfectionnisme, d'éthique.

❑ *La vertu du cœur* (Pin De)

Le supérieur et le subordonné doivent, tous deux, être vertueux au sens de vertu du cœur : sincérité, rectitude, force d'âme, cœur « chaud », intelligence du cœur, équité rituelle et loyauté.

Suit la confiance qui, elle aussi, structure les rapports de maître à disciple. Si le disciple doit une totale obéissance (une forme de total abandon de sa volonté propre) au supérieur, celui-ci a des devoirs très stricts de protection et de transmission des savoirs.

Un des mérites de l'avancement à l'ancienneté réside dans ce rapport durable de la hiérarchie qui, ne mettant personne en péril, assure le passage de témoin entre générations, conserve la mémoire d'entreprise et génère l'harmonie interpersonnelle. Un dicton chinois exprime bien cette relation : « Si vous avez des doutes, ne choisissez pas ce collaborateur mais si vous l'avez choisi, n'ayez plus de doutes. » *(yi ren bu yong, yong ren bu yi.)*

Cette confiance est étendue à ceux qui, bien qu'étant hors de l'entreprise, sont malgré tout des « parties prenantes » *(stakeholders)* : clients, fournisseurs, municipalité, province, État. Les réseaux formels ou informels qui enserrent l'entreprise font également partie de cette zone de confiance réciproque, si utile dans la réalisation de projets nouveaux.

❑ *L'harmonie* (he xie), *le consensus* (yi zhi), *la tolérance* (kuan rong) *et le sentiment d'appartenance* (gui shu)

L'harmonie est un idéal prioritaire, peut-être la valeur la plus appréciée et la plus représentative des cultures d'Asie. En politique, elle se substituerait avantageusement à la règle de la majorité qui structure nos démocraties. Les Asiatiques voient dans notre règle démocratique une forme de « dictature » puisqu'un groupe peut imposer sa décision à un autre groupe, parfois « à peine » moins nombreux.

La recherche du consensus, au contraire, tend à établir, même au prix d'un très long et patient itinéraire, un accord unanime, donc des relations interpersonnelles harmonieuses, porteuses d'une parfaite exécution.

On trouve, en Occident, des exemples qui nous rapprochent de ce point de vue « confucéen ». La construction européenne, surtout à ses débuts, s'est établie sur la base de la décision unanime (donc du droit de veto de tout État membre, même le plus petit) et l'on voit bien les difficultés pour passer à un système de décision majoritaire (celle-ci étant d'ailleurs « qualifiée », c'est-à-dire limitée). De même, les *task forces*, *steering committees* et toutes sortes d'équipes transverses (*cross-functional teams*), chers, on le verra, à Carlos Ghosn qui sont de règle dans les partenariats, alliances et *joint-ventures* (de plus en plus nombreux) fonctionnent-ils sur des bases proches du consensus.

Enfin, l'importance accordée à l'environnement peut elle être analysée comme une volonté d'établir l'harmonie entre l'homme (et ses entreprises) et la nature.

De la même façon, le retour d'une vision plus équilibrée entre les droits (de l'homme…) et ses devoirs, peut faire sortir l'Occident de cette tendance à l'égoïsme qui résulte de l'oubli de ces derniers, oubli qui n'est pas de mise dans les sociétés confucéennes où la règle de la réciprocité est très forte.

La tolérance est l'un des piliers de l'harmonie et une condition du consensus. Elle est solidement ancrée en Asie dans la mesure où les « religions » (bouddhisme, animismes, etc.) n'imposent pas de Dieu unique ni de révélation, toutes choses qui génèrent un sentiment d'absolu qui peut mener à l'intolérance (voir les guerres de Religion et, aujourd'hui, les revendications de l'islam radical). Cette tolérance religieuse, on l'observe en Asie dans la superposition des « paroles » qui sont en quelque sorte sédimentées au lieu de s'exclure. Le Japon, par exemple, entasse un animisme primitif (le shintoïsme) avec le bouddhisme, le confucianisme et un zeste de christianisme.

Dans l'entreprise, cette qualité conduit à rechercher les compromis, à prendre le temps de convaincre, d'expliquer plutôt que de commander. Interrogés sur leur rôle principal, la plupart des présidents de grandes firmes d'Asie (et plus fréquemment au Japon) parlent de leur mission primordiale, celle d'y faire régner l'harmonie. Il appartient aux *executives* de décider des stratégies et des opérations de l'entreprise.

Tout cela conduit chaque membre d'un groupe humain à ressentir un très fort sentiment d'appartenance. Le respect et la gratitude manifestés aux « anciens » permettent à ce groupe de bien relier, en permanence, le passé, le présent et l'avenir, bref de consolider la pérennité du groupe. L'attention portée à l'éducation des enfants mais aussi, dans l'entreprise, à l'amélioration continue des subordonnés, est permanente.

❑ *La vision globale* (quan mian) *et à long terme* (chang yuan)

Ce sentiment d'appartenance s'élargit à la nature, à l'univers, d'où la recherche d'un développement soutenable et, de bien des manières, à une « consommation restreinte ». Lorsque les dirigeants chinois, en 2004, s'efforcent de contrôler la surchauffe de l'économie, ils parlent également de modération de la consommation.

De même, la vision d'une stabilité à long terme des relations interpersonnelles s'inscrit dans le sentiment de responsabilité des leaders, celui de ne détenir le pouvoir que pour l'exercer au nom de l'intérêt de tous.

L'aspect négatif des valeurs confucéennes

Ces valeurs positives sont contrebalancées par des faiblesses spécifiques et contrariées par des évolutions négatives, des perversions. Il est nécessaire de les prendre en compte.

❑ *Le manque d'esprit critique*

Le confucianisme engendre un conformisme social qui est un frein à la créativité. Le disciple doit écouter le maître et n'est pas autorisé, avant d'être totalement « instruit » (et cela prend des décennies), à faire preuve d'esprit critique.

Dans l'éducation, il est prescrit de « frapper sur les clous qui dépassent » et cette prescription est étendue à tous les aspects de la vie de groupe, notamment l'entreprise.

❑ *Le manque d'esprit entrepreneurial et de créativité*

Dans la même veine, l'esprit d'entreprise est contrarié par des valeurs qui prônent l'attentisme, la prudence, le « non-agir » (sagesse suprême selon le taoïsme) et la recherche préalable du consensus. Dans la tradition, le maintien en état est survalorisé et l'entrepreneur perçu comme un individualiste égoïste, arrogant et aventuriste. D'ailleurs, cet esprit d'entreprise, absent de la tradition du « bon gouvernement », n'a été diffusé dans le monde chinois que tout récemment, selon un double processus : en dehors de la Chine, les émigrés chinois, répandus en Asie du Sud-Est, ont rencontré d'autres expatriés, perdus dans des lieux inconnus et hostiles, les Européens « colonisateurs ». C'est à partir de cette diaspora qu'ont émergé des entrepreneurs, devenus les fameux *tycoons* (Li Ka-Shing, Ronnie Chan, Robert Kwok, etc.) qui, sur la base du commerce et de l'immobilier, ont bâti des empires économiques transnationaux. Ce sont ces *tycoons* qui sont devenus les conseillers de Deng, de Jiang et aujourd'hui de Hu (les présidents successifs de la Chine) et ont apporté à la Chine bien plus que leurs capitaux et leur savoir-faire : leurs comportements d'entrepreneurs. Sans eux, sans leur comportement « déviant », le confucianisme aurait continué de scléroser des sociétés immobiles.

❑ *L'absence de clarté et le manque de rationalité*

Les valeurs de la tradition brillent par leur absence de clarté. Le flou, l'ambigu, l'ambivalent, le non-dit sont préférés car ils permettent à chacun de se positionner par rapport aux autres et de « garder la face » *(yao lian)*, c'est-à-dire de ne pas se trouver dans une position décalée par rapport aux autres. Le « seul contre tous » est soigneusement évité et nul ne tentera d'éclairer la situation en donnant nettement son opinion.

Les décisions restant vagues (du moins tant qu'un consensus général n'est pas trouvé), elle peuvent être modifiées. Les contrats écrits, s'ils sont acceptés dans les relations avec les étrangers, ne sont pas la meilleure façon d'instaurer des relations de confiance. Les « sentiments humains », les rapports personnels sont privilégiés et précèdent des accords clairs. Le travail en réseau est un processus long, parfois coûteux (en cadeaux, dîners « entre amis », etc.), qui limite singulièrement le champ des possibilités. La concurrence (le jeu clair d'une lutte totale) est perçue comme potentiellement destructrice. On lui préfère la concurrence limitée, balancée par le dialogue et la coopération. Les deux attitudes, concurrence et collaboration, peuvent coexister (comme dans le terme anglais co-pétition).

❑ *L'abus de pouvoir*

Le confucianisme (en Chine surtout) a subi des déformations : poids de l'histoire (les guerres civiles), superposition d'idées nouvelles (christianisme, maoïsme) et, aujourd'hui, entrée enthousiaste dans une économie de marché dont les valeurs sont très éloignées des thèses de maître Kong (Confucius, ou *kong fuzi*).

Dans ce contexte chaotique, les valeurs confucéennes ont subi des assauts tels qu'elles se sont, en quelque sorte, perverties. L'autorité dévolue au « supérieur » a conduit à des attitudes autoritaires, autoritaristes voire dictatoriales. Les souverains, comme les chefs d'entreprise, sont tentés d'abuser de leur rang hiérarchique. Confucius espérait que l'intelligence du cœur, les vertus du dirigeant, limiteraient les abus. Hélas, il a constaté, et plusieurs siècles après nous le voyons aussi, qu'au mieux le dirigeant agit de façon « paternelle », mais le plus souvent autocratique. L'histoire, même récente, des pays d'Asie, est remplie des exactions commises par les chefs, grands, moyens et petits. La terreur qu'ils répandent est un frein énorme à l'efficacité des organisations, économiques comme politiques, dans lesquelles ils sévissent en abondance.

❑ *L'importance excessive des réseaux*

Les réseaux (concentriques : famille, clan, voisins, etc.), les fameux *Guanxi*, conduisent presque automatiquement à des comportements contraires à la morale et, surtout, à la bonne marche des organisations : népotisme et *cronyism* [1]. Réducteurs d'efficacité (car limitant le champ des possibles), ils conduisent immanquablement à la collusion puis à la corruption, gangrène qui touche toute la zone confucéenne (même si elle n'en a certes pas l'exclusivité).

Un autre aspect, méconnu, des valeurs confucéennes est le mur (virtuel) qui est dressé entre ceux qui font partie des « cercles admis » (par l'étiquette confucéenne) et les autres. Un nouveau venu, même porteur de bons produits (ou de technologies innovantes), restera longtemps « dehors ». Il lui faudra du temps, des efforts, parfois des sacrifices pour pénétrer dans les cercles, à l'intérieur, « dans la maison ».

Il est clair que cette culture rend difficiles les alliances avec d'autres entreprises, à fortiori si elles sont occidentales. Le management des *joint-ventures*, qui est au centre des interrogations de ce livre, est perturbé par « le choc des cultures ». Comment le surmonter sera l'objet du prochain chapitre.

Face à une logique encore féodale, le dirigeant occidental a bien du mal à trouver ses repères. Accepter cette logique, c'est abandonner l'espoir de l'efficacité et de la synergie.

Par bonheur, l'évolution moderne (les XIXe et XXe siècles) ont apporté des correctifs au confucianisme « pur et dur ».

La capacité asiatique à comprendre et absorber des idées nouvelles, sans (il faut souligner trois fois le « sans ») rejeter les anciennes, a fait ses preuves. L'entreprise japonaise (et coréenne) démontre chaque jour sa capacité d'innovation, de dynamisme commercial et de motivation des hommes. C'est au tour des grandes firmes chinoises de tenter de démontrer leurs ambitions et leurs capacités.

Toute la subtilité du discours asiatique tient dans les emprunts, calculés, faits à la culture managériale de l'Occident sans remettre en question les fondements de la tradition chinoise. Mais cela peut-il être prolongé dans ce XXIe siècle ouvert à une concurrence sans équivalent dans l'histoire ? Les dirigeants des deux grandes civilisations « efficaces » (et laïques), l'Occident et l'Asie, pourront-ils longtemps encore protéger leurs valeurs en limitant, à la marge, les emprunts faits à la civilisation de l'autre ?

Avant de répondre à cette question au chapitre 5, il faut approfondir la relation « confucianisme » et « management ». Sophie Faure, anthropologue et sinologue, s'est attachée à donner corps à cette relation dans un livre précis et didactique, *Manager à l'École de Confucius* [2].

1. Préférence donnée aux « amis » davantage qu'aux experts.
2. Sophie FAURE, *Manager à l'École de Confucius*, Éditions d'Organisation, 2003.

Confucius et management

Le confucianisme est une philosophie de gouvernement. Il s'adresse aux gouvernants pour leur dessiner ce qu'est une bonne gouvernance. L'idée fondatrice est que c'est par l'excellence humaine et le management par le cœur que le dirigeant sera efficace et légitime. Le confucianisme est donc un humanisme et, de ce fait, trouve des résonances dans la pensée occidentale.

L'homme au pouvoir doit, pour bien gérer les choses, se bien gérer lui même. Les comportements sont ainsi mis au centre de la gouvernance, avant les technologies. Les conseils de comportement nous apparaissent comme totalement modernes, dans la mesure où le management occidental, certes fondé sur la raison, a cherché à intégrer le facteur humain.

En tout cas, l'intelligence pure, mécanique, doit se combiner à l'intelligence des situations (voir, en particulier, *L'Art de la guerre* de *sun zi*) et à l'intelligence du cœur (nous dirions l'intelligence émotionnelle).

Ce qui différencie le confucianisme de la pensée occidentale est la vision de l'individu. Ce dernier n'existe que dans ses relations aux autres et dans le cadre d'une hiérarchie pesante et d'un réseau d'obligations sociales.

❑ *Les fondements du confucianisme*

Le confucianisme est une tentative de réponse au chaos que maître Kong observe dans la Chine pré-impériale, celle des royaumes combattants : les luttes intestines durèrent jusqu'en 221 av. J.-C., date de l'unification de la Chine par l'empereur Qin.

Contrairement à l'Occident qui place la raison avant le cœur, le confucianisme met le sentiment en avant. La réalité étant insaisissable, l'intuition, les ressentis offrent une image de cette réalité. Même si son image est floue, elle peut être gérée. Cette gestion « sentimentale » se combine avec d'autres comportements véhiculés, au même moment, par d'autres philosophies : la stratégie militaire *(sun zi)*, l'homme naturel, équilibré, celui de la voie moyenne, du *ying et du yang* (le taoïsme de *lao zi*) et enfin l'homme cadré et encadré par la loi (le légisme).

En Occident, le Moyen Âge a vu l'Église et la monarchie s'allier pour diriger le peuple sur des bases proches : le souverain, guidé par la loi (et l'Église), se doit d'être « bon » et « aimé » de ses sujets. Il a fallu la Renaissance et, surtout, la Révolution, pour briser ce système et donner des droits à chaque individu.

Ce faisant, l'homme « s'extrait de la nature » pour la maîtriser par la connaissance, la pensée et la raison. L'humanisme occidental s'oppose alors à l'humanisme confucéen et, naturellement, les façons de gérer les choses et les hommes apparaissent comme radicalement différentes. La réconciliation passe, sans doute, par la Renaissance asiatique, en cours sous nos yeux. Dans le même temps, les *joint-ventures* sont le lieu de rencontre de deux visions de la société.

L'humanisme confucéen, puisqu'il trouve aujourd'hui encore son prolongement dans la gestion asiatique, doit être davantage analysé.

Le dirigeant politique (mais ce qui suit est extrapolé au dirigeant d'entreprise), responsable de ses actes, doit exercer son pouvoir avec « bienveillance » afin que les dirigés acceptent sa légitimité. Celle-ci est en fait assise sur l'efficacité. Tant que le dirigeant produit de la richesse, il est légitime. Son succès est la preuve qu'il détient un « mandat du ciel » (les protestants diraient qu'il est « élu »).

Le dirigeant doit donc être soucieux de ses comportements et de ses compétences qu'il doit, en permanence, perfectionner.

Sa relation avec ses subordonnés doit être « humaine » car ce sont le « sentiment humain » et le cœur qui relient les individus dans leur proximité. C'est la raison pour laquelle l'étiquette confucéenne précise la nature des liens entre le Prince et ses ministres, le père et le fils, le mari et la femme, l'aîné des enfants et ses frères, les amis entre eux. Ces « cinq relations » se retrouvent dans toute l'Asie de l'Est sinisée et, notamment au Japon où amour et protection *(l'amae)* sont placés en réciprocité.

Le choix des dirigeants est fondé sur leurs qualités humaines autant que sur leur expertise et leurs connaissances techniques. Le charisme du chef est fondé sur l'exemplarité de son comportement, de sa « vertu » *(de)*.

❑ *Le management confucéen*

Confucius, au VIe siècle avant notre ère, s'adressait aux puissants de l'époque : les dirigeants politiques. Aujourd'hui, ce sont les leaders économiques qui sont les détenteurs de grands pouvoirs : la pensée confucéenne peut-elle s'appliquer à la gestion des entreprises ? La réponse est positive puisque l'enseignement de maître Kong vise à l'excellence des leaders, à leurs comportements « vertueux ».

Le management confucéen est, dans un premier temps, appliqué littéralement au travers de la pensée de Confucius, en utilisant ses termes, ses concepts.

Le premier précepte, celui qui domine et résume tous les autres, c'est le ***ren***, le sens de l'humain. Il ne s'agit pas, comme en Occident, de mettre en avant « l'homme-individu » mais, au contraire, de considérer l'homme dans sa relation avec les autres, l'homme sociétal, celui qui agit et réagit selon un contexte social spécifique. Atteindre ce sens de l'humain nécessite de passer par les cinq autres principes suivants :

Le ***yi*** est le précepte de l'équité. C'est un concept collectif : l'équité s'exerce à l'intérieur d'un groupe (famille, clan, entreprise) dans lequel elle est source de solidarité. Appliqué à un leader, le *yi* est un guide du comportement équitable : d'abord, une juste répartition des tâches et, donc, des compensations ; ensuite, le soutien aux collaborateurs avec lesquels on partage la responsabilité de l'échec ; enfin, un respect des fournisseurs qu'il faut bien traiter afin d'établir des relations longues avec eux. La contrepartie de l'équité, c'est le respect et la loyauté qu'elle suscite en un juste retour.

Le ***li***, ce sont les rites. Le confucianisme est friand d'une étiquette rigide qui définit des codes et des rites précis et contraignants. Ce sont les relations entre personnes qui sont concernées, des relations qui sont, à l'intérieur de la stricte hiérarchie confucéenne, codifiées. Ces codifications ont le mérite d'être réciproques et de permettre à chacun, là où il est, de trouver sa place et, partant, d'être reconnu dans sa dignité, même au bas de l'échelle hiérarchique. Les rites marquent fortement le style de prise de décision et, au total, la culture de l'entreprise. Contraignants, ces rites ou rituels sont également le gage de la stabilité des rapports hiérarchiques et, donc (ce « donc » est très important en Asie) l'harmonie sociale, un bien précieux, peut-être le plus précieux.

Le ***de*** est la « vertu » mais pas définie à l'aune du « bien et du mal » occidental. En Occident, la vertu et la morale sont des concepts absolus, à la mesure de la nature transcendantale de Dieu et de la place bien particulière de l'homme dans l'univers monothéiste. En Asie, la vertu est non pas relative mais contextuée. Elle est liée à un contexte social (ou d'entreprise) bien particulier. Faillir à cette vertu ne met pas le leader asiatique dans une situation de culpabilité (par rapport à Dieu) mais, si cette faillite est avérée, connue, elle génère une « honte » face aux autres membres du groupe. « Manquer » aux autres, c'est cela l'essence de la fameuse « perte de face », souvent difficile à appréhender. La perte de face est une situation sociale. Il n'y a pas de honte personnelle, face à Dieu, puisqu'il n'y a pas, dans la cosmogonie asiatique, de Dieu. Cela conduit à une éthique du quotidien qui forge des comportements managériaux standardisés, conformistes. La question de la loyauté est hiérarchique : à qui dois-je, d'abord, la loyauté ? Le plus souvent, celle-ci doit s'exercer, en priorité, envers les proches, la « famille » (au sens *cosa nostra* du terme où la loi du silence s'impose pour protéger les siens, même fautifs).

Le ***xin*** est l'expression de la confiance. Celle-ci fonde des relations solides entre les personnes : elles sont codifiées, certes, mais elles s'exercent dans la transparence, la réciprocité, la confiance mutuelle. Cette confiance fonde les rapports managériaux plus fortement que les écrits (la règle, le contrat, la loi). Elle implique la sincérité (je fais ce que je dis » – *yan chu bi xing*) mais pas au point de dire « je dis ce que je fais ». Ce qui importe, c'est de mettre ses actes en conformité avec ses paroles, mais pas plus. Cette sincérité s'applique aux relations entre « gens de l'intérieur » (la maisonnée) et peut s'éviter vis-à-vis des autres, les extérieurs. L'étranger doit méditer cette sincérité relative et ne pas s'en offusquer en la qualifiant d'hypocrisie. En revanche, le négociateur asiatique tiendra son alter ego étranger (avec lequel il a négocié et signé un contrat ou une *joint-venture*) comme « un des siens ». Il est passé de l'extérieur à l'intérieur, d'où l'importance de conserver les négociateurs d'une *joint-venture* dans la structure de la *joint-venture*. Son départ prématuré (pour une promotion par exemple) serait vécu comme une trahison de la confiance si durement construite. Embaucher quelqu'un, c'est étendre au nouveau venu cette marque de confiance ; d'où l'extrême sélectivité des embauches…. et l'incapacité de licencier. De même, dans le cadre de la délégation, mode de management essentiel, la confiance accordée au collaborateur est la marque de la confiance en soi. Le *reporting* doit donc être total et sincère.

Enfin, le ***zhi*** couvre les qualités intellectuelles, fondées sur la connaissance et conduisant à la sagesse. Cette connaissance, pour être confucéenne, doit faire l'objet de recherches « passionnées » et suivies d'actions. On voit que, là encore, la raison est soumise au cœur. Les qualités humaines sont hissées au niveau des qualités d'intelligence pure. D'ailleurs, les actions qui découlent de cette connaissance, de cette intelligence, doivent être clairvoyantes, c'est-à-dire inclure la capacité de jugement, celle qui marque toute action importante générant des réactions de loyauté et de confiance. Ainsi, la boucle est bouclée : même l'intelligence de type occidental, c'est-à-dire fondée sur la raison, ne prend de sens confucéen que si elle légitime le sens de l'humain, les sentiments. L'intelligence rationnelle doit être complétée par l'intelligence émotionnelle. La sagesse est à ce prix. Les Occidentaux les plus ouverts acceptent cette vision « sentimentale » qui équilibre le cerveau droit et le cerveau gauche.

Le *ren*, le sens de l'humain, apparaît à nouveau, synthèse des attitudes confucéennes. Il est la marque du bon dirigeant qui ne peut se contenter d'être un bon « mécanicien » mais doit se montrer « bienveillant ». C'est dans son lien aux autres qu'il assoit sa légitimité, son pouvoir.

Tout cela est la base de la culture chinoise, celle qui couvre l'ensemble de l'Asie orientale et qui revient avec force aujourd'hui en Chine mais qui n'a jamais quitté les rivages du Japon, de la Corée et de l'Asie du Sud-Est.

❑ *Le style du* **leadership** *confucéen*

L'idée centrale répandue par les élites asiatiques est que les valeurs confucéennes, appliquées au management, sont porteuses d'efficacité car entrant en résonance avec les exigences du management moderne.

Les leaders des firmes d'Asie, notamment chinoises, sont lancés dans un développement international ambitieux dont l'arme serait le management de style asiatique. Ils estiment pouvoir être fiers de leur tradition qui, selon eux, répondrait davantage aux exigences de l'organisation moderne que la tradition occidentale car elle serait à la fois plus humaine, plus collective et plus ancrée dans la nature (plus environnementale).

La *world company*, parce qu'elle est décentralisée, aurait besoin d'un fort leadership au sommet afin de rendre compatibles les considérations de chaque marché-pays. Le leader doit être très à l'écoute (car les informations provenant des divers lieux où la firme est en activité sont déterminantes) mais aussi en situation d'arbitrer correctement au nom de l'intérêt commun de la firme. Pour imposer ses arbitrages, il doit bénéficier d'une très forte légitimité, liée précisément à sa capacité de prendre en compte tout ce qui vient de la périphérie, à expliquer et assumer ses choix, à générer de la confiance fondée sur ses qualités humaines.

Les qualités humaines du dirigeant, ses comportements davantage que ses compétences et connaissances techniques, sont ainsi mises en avant.

Pour les Asiatiques, le cœur est tout autant le siège de la pensée que des seuls sentiments. Le cœur est, tout autant que le cerveau, en mesure de juger les informations extérieures, de leur donner un sens. En « montrant son cœur », le leader gagne celui des autres *(yi xing huan xin)*.

Le sentiment précède ainsi la raison et la loi, contrairement à la pratique occidentale. La pire critique que l'on puisse adresser à un dirigeant asiatique est, précisément, de « manquer de cœur » *(wu xin)*.

Cela ne signifie pas que le dirigeant soit « gentil ». Au contraire, pourrait-on dire, il doit être craint. Mais il est écouté, obéi, parce qu'il est « éclairé », porteur de vision claire, détenteur d'une capacité stratégique, possédant les autres intelligences que celle de la raison : l'intelligence des situations et l'intelligence des relations entre individus.

L'intelligence des situations, c'est précisément celle qui est admirée par le maître de la pensée stratégique de l'Asie, Sun Zi. C'est la capacité à appréhender les forces relatives en présence, à discerner le courant le plus puissant, celui auquel on ne peut, ni ne doit, s'opposer et qu'il faut suivre pour prétendre, plus tard, s'en rendre maître. Sun Zi prône l'identification des « signaux faibles », ces éléments sans importance qui vont prendre un caractère décisif. Le bon leader sait ainsi discerner le potentiel de développement de ces éléments, ce que Sun Zi appelle la « progression des choses » *(yan bian)*, le caractère inéluctable du processus *(yuan jian)*.

On est ici plus près des qualités attribuées aux souverains de notre période classique, voire d'un Napoléon Bonaparte, que des dirigeants de nos firmes modernes ne décidant que selon un raisonnement fondé sur des informations fiables et faisant l'objet de « scénarios » calculés.

Le dirigeant asiatique sait l'importance de « ne pas agir », d'attendre que la « progression des choses » se développe. Il est ainsi moins rapide que son homologue occidental, davantage temporisateur et certainement hostile à forcer le destin comme le feraient nos leaders occidentaux « prométhéens ».

Ces talents doivent naturellement être réunis au moment crucial où il faut choisir des hommes pour des postes stratégiques. Le manager occidental observera la formation initiale et l'expérience accumulée ; le manager asiatique se fiera davantage à son sentiment, son *feeling (zhi jue)*, notamment pour ce qui concerne les qualités humaines des prétendants. Là où le dirigeant occidental tentera de cerner le profil des candidats par des technologies (graphologie, profilage) et des références (l'opinion des autres), le dirigeant asiatique se fera sa propre opinion, conduisant à l'adage déjà cité : s'il y a un doute, ne l'embauchons pas mais si nous l'avons embauché, alors abandonnons nos doutes.

Par ailleurs, la *world company* doit avoir des relations stables avec toutes les parties prenantes *(stakeholders)* : les employés doivent pouvoir être fidèles sans compromission, les fournisseurs compétitifs sans mettre en cause leur survie, les clients pérennisés par le sentiment d'être écoutés et respectés. Les firmes asiatiques, même les plus « familiales », mettent toutes les actionnaires au second rang par rapport aux autres parties prenantes, ce qui semblerait leur donner dynamisme et goût du risque.

Ce sens de la responsabilité sociale est très puissant, tant les entreprises sont perçues, en Asie, comme faisant partie du patrimoine de la nation. Les grandes firmes asiatiques restent encore des « champions nationaux » et conservent une vision nationaliste de leur développement. Ce qui les différencie fortement des grandes firmes occidentales dont la nationalité se perd et qui tentent d'offrir une image globale, a-nationale, en dégageant des comportements dénués de tout nationalisme.

Cela évoluera sans doute, avec le développement international des firmes asiatiques. Cependant, celles qui se sont déjà fortement déployées demeurent marquées par le pays de leur quartier général. Un exemple, entre autres, permettra de saisir cette position : Sony, après avoir acheté les studios Columbia, acquiert MGM, devenant le principal propriétaire d'Hollywood. Mais cela signifie-t-il que Sony va tenter d'apporter le point de vue japonais, sur la forme comme sur le fond, aux films qui seront produits à l'avenir ? Nullement. Sony reste une firme japonaise et s'interdit d'autant plus d'apporter à Hollywood des éléments de la pensée japonaise, notamment de sa vision de l'histoire. Au contraire, Sony met un point d'honneur à faire gérer Hollywood par des « locaux », même au prix d'échecs coûteux.

L'autre critère de base de l'entreprise asiatique est l'harmonie. Elle est un bien précieux et s'avère plus productive que le règne de la raison.

L'harmonie, et c'est essentiel, ne nie pas les différences. Au contraire, elle les prend en totale considération car, pour la firme asiatique, les différences sont une richesse puisqu'elles offrent l'opportunité d'enrichir sa puissance par la « complémentarité des contraires ».

Face à la « main invisible » qui, dans le libéralisme occidental, rend compatibles les intérêts égoïstes de chacun, la pensée asiatique présuppose que les intérêts personnels peuvent générer une harmonie globale, à condition que chacun perçoive bien où s'arrête son intérêt et où commence celui des autres, et ceci dans la mesure où ces différents intérêts négocieront, en toute transparence, des compromis unanimes. C'est ce que l'on appelle un consensus.

Le fonctionnement d'une famille est souvent donné en modèle par les dirigeants asiatiques eux-mêmes. Ils veulent ainsi montrer que chacun de ses membres doit tenir compte des autres et, notamment, du chef de famille, celui-ci ayant à cœur de ne heurter personne, ni surtout de décider de façon souveraine (donc arbitraire) pour les autres.

Ce fonctionnement en harmonie donne sa force au groupe, chacun pouvant trouver sa place (en relation avec celle des autres) car l'intérêt commun est présent, ainsi que la solidarité.

On est ici au cœur de la différence du management entre l'Asie et l'Occident, et l'on verra, au chapitre 5, comment réconcilier – ou du moins rendre compatibles – ces deux visions. Une telle réflexion passe par la critique objective des deux systèmes.

Le système occidental pécherait par excès de raison et manque de « sens humain ». C'est en partie vrai ; en partie seulement car l'Occident a opéré sa propre critique et apporté des correctifs importants.

Le management confucéen doit, lui aussi, procéder à son autocritique. Les crises économiques traversées par l'Asie (en 1991 au Japon et en 1997 dans le reste de l'Asie) ont déjà mis en cause le leadership politique confucéen mais les errements des leaderships économiques n'en sont pas moins gravement responsables de l'échec du « triangle de fer » confucéen.

Le caractère étouffant, dur, du confucianisme n'a pas échappé, dès sa naissance, aux autres philosophies locales, notamment le taoïsme. Celui-ci préconisait de laisser davantage « jouer la nature » et de se tenir éloigné des décisions extrêmes en choisissant une « voie moyenne ». De même, les légistes chinois ont-ils critiqué le sens de l'humain dans lequel ils voyaient la voie d'entrée de la collusion, de la corruption, du manque de rigueur. Pour ces légistes, la « main invisible », pas plus que l'harmonie ou la voie moyenne ne permettent d'équilibrer une société tiraillée par ses égoïsmes. Seule la loi peut dégager des règles du jeu suffisamment claires et respectées pour encadrer les égoïsmes. Cette position, qui a encore des adeptes en Asie, permet d'envisager un rapprochement avec la loi et l'ordre de type occidental.

C'est d'autant plus nécessaire que les technologies actuelles permettent la manipulation des esprits et obligent à douter de la sincérité de ceux qui mettent en avant leur « humanisme ». La gestion moderne des ressources humaines de l'entreprise rencontre cette problématique : manager par le cœur n'est-ce pas chercher à motiver le personnel par une habile manipulation ? La question mérite, au moins, d'être ainsi posée.

Revenant à la critique du confucianisme, on constate qu'elle est nécessaire et justifiée. L'efficacité du management confucéen est liée à la gestion de ses limites. Les rites confucéens peuvent être sclérosants, le mandarinat contre-productif, s'ils ne sont pas sous contrôle.

Ainsi, se dégage l'idée d'un « juste milieu », à l'intérieur même du confucianisme.

Mais, au-delà, il convient maintenant d'analyser ce que peut donner ce concept de juste milieu appliqué, cette fois, à la relation entre les deux traditions, l'occidentale et l'asiatique, qui vont se partager le monde de la réussite économique et du bien-être individuel et collectif.

Les visions miroirs entre Asie et Occident

Cette section est fondée sur une recherche de terrain. Deux catégories de témoins ont été interrogées : des étudiants (chinois et indiens) de niveau MBA et des managers (français, chinois, japonais, indiens, coréens et hongkongais).

Il est rapidement apparu que, du point de vue de l'Occident, le management asiatique était considéré comme rétrograde, voire inexistant (à l'exception, notable, du toyotisme).

En revanche, les Asiatiques interrogés avaient tous très nettement conscience de ce que le management occidental leur avait apporté mais, en même temps, percevaient ses limites et ses errements.

Cette position « critique positive » était doublée d'une certitude : celle que l'Asie avait en réserve une immense contribution potentielle à un management efficace pour le XXIe siècle.

Les analyses suivantes seront donc consacrées à la vision asiatique du management occidental, sous trois aspects : cerner ce qui apparaît, même aujourd'hui,comme porteur d'efficacité dans le management occidental mais aussi critiquer les faiblesses de ce management ; puis, en miroir, proposer des changements d'attitude fondés sur une vision asiatique ; enfin, et ce n'est pas un des aspects les moins intéressants, observer ce que les nations asiatiques en émergence (notamment la Chine et l'Inde) considèrent comme utile d'adopter en provenance des nations asiatiques déjà développées : le Japon, la Corée du Sud et certains pays du Sud-Est asiatique (Hong Kong, Taiwan, Singapour) dans lesquels la diaspora chinoise, majoritaire, a imposé sa marque.

Cerner les moteurs de l'efficacité occidentale : la perception asiatique

Pour mieux comprendre cette perception asiatique, nous allons, tout d'abord, la situer dans son contexte et la mettre en perspective. Les deux autres points porteront sur la vision positive puis sur la vision critique.

❑ *Le contexte*

Il est bien entendu complexe. Tentons de l'éclairer.

La vision asiatique n'est pas uniforme, tant chaque pays d'Asie a une culture particulière et un développement économique bien spécifique.

Les pays développés d'Asie ont déjà intégré le management occidental dans leurs propres pratiques managériales. C'est évidemment le cas du Japon dont la révolution de Meiji (en 1868) fut fondée sur l'apprentissage accéléré de « tout ce qui était occidental ». C'est également le cas de la Corée du Sud, marquée par la colonisation japonaise (1910-1945) puis par la présence américaine depuis 1950 (guerre de Corée). C'est enfin le cas de Taiwan et de Singapour qui, tout en mettant en place des styles très particuliers de gestion, ont été doublement influencés, et par le Japon et par l'Occident. Hong Kong, ancienne colonie britannique, a naturellement beaucoup emprunté à la Grande-Bretagne, notamment dans la maîtrise des activités de service.

Cependant, tous ces pays ont en commun d'avoir tenté, et ils ont réussi, de préserver leur propre identité, y compris à travers les modes de management. Ces modes sont le résultat d'une alchimie complexe dans laquelle les valeurs occidentales ont été en quelque sorte séparées des pratiques managériales, pratiques sur lesquelles les Asiatiques ont superposé leurs propres valeurs.

En conséquence, les pays émergents d'Asie jettent un double regard sur ces exemples : d'une part, l'assimilation des pratiques managériales occidentales n'est pas univoque ; d'autre part, il est possible de les adopter en les mêlant à ses valeurs propres.

Ainsi, la Chine, première concernée, a-t-elle d'abord fréquenté les modes managériaux occidentaux à travers les modes japonais et « chinois de la diaspora ». La Chine est donc en mesure de pratiquer, à sa guise, une double fusion managériale : celle déjà réalisée au sein des grandes entreprises japonaises, coréennes, taiwanaises et hongkongaises, d'une part ; d'autre part, celle qu'elle va elle-même réaliser au sein de ses entreprises ou de ses *joint-ventures* créées avec les entreprises des pays d'Asie développés.

Pour tous les pays d'Asie, développés ou émergents, la vision portée sur le management occidental est nécessairement partielle et partiale.

La *joint-venture* créée entre partenaires occidental et asiatique n'est pas véritablement représentatif du management originel des partenaires. Elle n'est souvent, au départ, qu'une PME utilisant des méthodes de gestion différentes de celles des maisons mères. L'entreprise occidentale, en particulier, est tentée, au début de la *joint-venture*, de « serrer les boulons », c'est-à-dire de rigidifier les pratiques et procédures. La crispation issue de l'inconnu et des difficultés amplifie le caractère « systématique » du management occidental.

Or, le partenaire asiatique entre en *joint-venture* avec des préjugés fondés sur sa perception de la civilisation occidentale elle-même. Celle-ci est caricaturale et née de l'histoire : la période pré-coloniale confronta les Asiatiques aux jésuites, aux marchands et aux militaires, chacun porteur d'un aspect bien particulier de la civilisation occidentale. Quand le colonialisme s'imposa, au milieu du XIXe siècle, c'est l'humiliation qui fut la perception dominante. Il en résulta plusieurs attitudes : en premier lieu, une résistance aux valeurs occidentales par la promotion de valeurs asiatiques ; l'exemple le plus frappant est celui du Japon de Meiji qui, tout en s'ouvrant largement à l'Occident, entreprit de réhabiliter la religion véritablement japonaise, le shintoïsme, pour en faire la religion de l'État. De même, chaque pays d'Asie mit en avant sa propre culture pour se protéger de cet Occident arrogant. L'islam, le bouddhisme, l'hindouisme furent des paravents chargés de filtrer l'apport occidental pour en chasser le « poison des valeurs ». Cela entraîna une véritable disqualification des valeurs occidentales, leur diabolisation même. Cette perception conduisit le Japon, pourtant considéré comme très occidentalisé, à confronter l'Occident. Le XXe siècle vit s'affronter partout les deux civilisations : le maoïsme se posa à la fois contre le capitalisme puis contre le léninisme ; le parti du Congrès prit, en Inde, des positions neutralistes, en fait anti-occidentales, de même que l'Indonésie de Soekarno.

Tout cela aboutit à l'élaboration d'une critique civilisationnelle de l'Occident qui apparut comme totalement opposé à l'Asie : matérialisme occidental face à la spiritualité asiatique, égoïsme face au respect des autres, modernité exacerbée face au maintien de la tradition, individualisme face à l'esprit de groupe.

Cette critique se retrouve, tout naturellement, dans celle de l'entreprise occidentale : face à l'esprit « agressif » des firmes occidentales, la réponse fut une fermeture aux investissements directs étrangers (IDE) : Japon, Corée du Sud, Inde se sont notoirement fermés aux IDE ; les autres pays d'Asie ont imposé des *joint-ventures* et les ont isolées dans des « zones industrielles ».

Même l'ouverture qui domine aujourd'hui, notamment en Chine, s'accompagne de réglementations qui visent à réduire l'arrogance des firmes occidentales : obligation de passer par des organismes d'État (en Chine, FESCO, *Foreign Enterprise Service Corp.*) pour l'embauche des employés ; minorité du capital des *joint ventures* dont le président doit être asiatique, etc.

Ces mesures ne facilitent pas la vie des *joint-ventures*, et les expatriés occidentaux vivent souvent un cauchemar. On est plus proche d'un choc des civilisations que de la coopération dans la confiance. En définitive, la perception asiatique du management occidental se montre pleine de contradictions.

Ce qui domine, malgré tout, c'est la fascination pour l'efficacité occidentale. Tous les étudiants et managers asiatiques sont nourris aux livres de management de l'Occident (en fait, des États-Unis, et notamment de Harvard) largement diffusés et traduits. Les enseignements occidentaux en production, marketing, finances, ressources humaines même sont perçus comme les meilleurs et donc universels.

La créativité et la qualité des produits occidentaux sont sans égales en Asie, sauf au Japon qui apparaît comme une exception en Asie même. De là naît un intérêt sans limite pour les méthodes occidentales. Le rattrapage est d'autant plus rapide que les technologies de l'information permettent de se connecter en direct avec les sources (universités, grandes firmes) de ces méthodes.

Mais la méfiance envers les valeurs demeure. L'idée centrale, partagée par tous les pays d'Asie, est de faire la différence entre méthodes (ou outils) et valeurs, de prendre auprès des Occidentaux les premières et d'éviter les secondes. Le *mix* méthodes occidentales-valeurs asiatiques apparaît comme un objectif souhaitable et comme une idée parfaitement réalisable : le Japon a montré la voie de ce possible.

Ainsi, un certain recul à l'égard de la science managériale occidentale se fait jour. Il se traduit par l'apparition de nouveaux livres de référence, écrits par des managers et des professeurs chinois, à partir des réussites des grandes firmes chinoises.

L'idée qui se dégage de cette évolution est très bien exprimée par l'un de ces auteurs. Li Dong Sheng, le président de TCL (grande firme de l'électronique « associée » à Thomson). Citons : « Il y a vingt ans, les dirigeants chinois étaient considérés comme ignorants s'ils n'avaient pas lu la littérature managériale occidentale. Aujourd'hui, ils sont considérés comme incapables s'ils n'ont lu que des livres sur le management occidental. »

Il faut, pour conclure, analyser les modalités d'entrée des pratiques managériales occidentales au sein des entreprises asiatiques. Les livres d'abord, aujourd'hui les cours de MBA locaux, sont la source primaire de l'apprentissage du management occidental. Les librairies asiatiques regorgent de livres *made in Harvard* et les universités asiatiques ont toutes monté des programmes MBA avec des partenaires (et des professeurs) occidentaux.

Le véhicule le plus courant reste la *joint-venture*. Le passage des modes managériaux occidentaux se fait dans la douleur car le manque de préparation au choc culturel est, hélas, très habituel dans de nombreuses entreprises : ni l'expatrié, ni le cadre local ne sont préparés à s'écouter, se comprendre, passer les nécessaires compromis. Les échecs sont nombreux et, s'ils n'aboutissent pas à la rupture, causent des retards considérables, des dysfonctionnements et conflits qui pèsent lourd dans les premiers bilans.

Au sein des *joint-ventures*, ce qui est le plus souvent attendu c'est le transfert des expertises occidentales (technologies, savoir-faire). Or ce transfert d'expertise est difficilement dissociable du contexte culturel qui le porte : civilisation, culture d'entreprise, culture métier, tout se mêle pour polluer la transmission des savoirs. L'Asiatique parle d'arrogance et l'Occidental de mauvaise volonté. Il est clair que ces comportements freinent les bons transferts. Il est tout aussi clair que ces problèmes humains et culturels reçoivent bien moins d'attention que les défis techniques.

On le voit, le contexte dans lequel est perçu le management occidental est chargé de problèmes et de préjugés. Cela explique que, même s'il est perçu comme performant, le management occidental soit l'objet de méfiance et de critiques.

❑ *La vision positive sur le management occidental*

Cette vision positive est première. Elle est fondée sur la performance, les résultats visibles : les grandes firmes occidentales dominent le monde et celles des entreprises asiatiques qui les concurrencent le mieux apparaissent comme « occidentalisées ».

La Chine étant le pays émergent qui, aujourd'hui, reçoit le plus d'investissements étrangers, sa perception nous servira d'étalon. La plupart des autres pays d'Asie émergents pensent comme les Chinois, sans toujours avoir la possibilité de s'exprimer. On ajoutera, en complément, la perception de l'autre grande puissance émergente, l'Inde.

Plusieurs éléments fondamentaux constituent, aux yeux des Chinois, les avantages indiscutables du management occidental.

C'est, avant tout, un management « scientifique ». Cela signifie, principalement, qu'il est assis sur l'utilisation des sciences dures (mathématiques et statistiques notamment). Cette utilisation implique la capacité à modéliser l'économie, c'est-à-dire à transformer des comportements humains en éléments abstraits, fongibles, sur lesquels on peut procéder à des calculs.

À partir de cette conceptualisation, purement occidentale, d'une réalité humaine, donc complexe, on peut appliquer la démarche cognitive : l'application de la raison, le découpage de problèmes en multiples sous-problèmes, la recherche de solutions logiques et la mise en modèles de la réalité, l'utilisation du calcul (la recherche opérationnelle) pour simuler des résultats et choisir le meilleur.

Par ailleurs, l'économie de marché fait appel à une vision « moléculaire » des activités humaines : chaque molécule se meut sans projet ni sens mais des « tendances » ordonnent ce chaos et produisent des résultats positifs. On retrouve ici le modèle d'Adam Smith [3] qui voit une « main invisible » mettre de l'ordre dans la poursuite, conflictuelle, des intérêts de chacun des éléments du groupe. Sous la réserve majeure qu'il existe bien des comportements individualisés libres de contrainte et que ces comportements individuels se manifestent dans le cadre d'une libre concurrence, alors le résultat sera un optimum. L'intérêt général sera satisfait par la confrontation libre (pure et parfaite) des individus.

3. Adam Smith (1723-1790) : économiste et philosophe d'origine écossaise. Il est considéré comme le père de l'économie moderne avec son œuvre *La Richesse des nations*.

Il existe cependant des « volontés ». Ce sont celles de certains individus qui, eux, ont un projet personnel et collectif : l'entreprise et forment un groupe spécifique, celui des entrepreneurs. Issus de la philosophie des Lumières du XVIIIe siècle (mais prenant racine dans l'Antiquité gréco-judéo-chrétienne), ces hommes d'exception sont « élus » (par eux-mêmes) pour montrer un chemin nouveau, aventuré mais débouchant sur un progrès. Acceptant la responsabilité qui va avec l'élection, ces individus sont des créateurs et, tel Prométhée, se sentent les égaux des dieux, d'où une propension à l'arrogance, l'autoritarisme et une certaine cécité au regard des autres : leur force est en même temps leur faiblesse. Le processus créatif est aussi destructif. En tout cas, ce genre d'individus démiurges est capable de réunir des éléments existants (hommes, machines, argent, idées) pour les combiner en un projet ambitieux et visionnaire. Ce projet est soumis aux calculs de probabilités et de risques. Dans ce sens, il s'oppose au processus asiatique, intuitif, qui fonctionne plutôt par « essais et erreurs ».

Cette ambition calculée s'incarne dans une stratégie. Celle-ci fixe des buts *(goals)* lointains, sans terme défini. Elle dessine une « vision ». Cependant, la démarche scientifique implique de quantifier certaines limites : limites du marché par une étude ; limites des opportunités par les risques potentiels ; limites des forces internes par des faiblesses internes. L'ambition devient réaliste et vise à chercher la meilleure position possible de l'entreprise (avec ses forces et ses faiblesses) dans un marché à la fois plein d'opportunités et de risques. Le « positionnement » est le résultat d'un calcul, calcul qui freine l'ambition sans l'annihiler. La stratégie établie transforme les buts en objectifs, c'est-à-dire en résultats prévus, à des termes programmés. Elle dicte également ce qui sera l'allocation optimale des ressources rares (c'est-à-dire toutes) de l'entreprise. Cette allocation se fait aussi par calculs (la recherche opérationnelle).

Cette ambition, c'est toute la vision arrogante mais calculée, orgueilleuse mais courageuse, du management occidental. La mise en œuvre de cette ambition calculée se fait au travers d'une organisation fonctionnant par l'application d'une discipline. L'organigramme est affiché, les fonctions de chacun clairement définies, les relations hiérarchiques calibrées. Il peut exister, on le verra plus loin, des « équipes », mais elles aussi obéiront à une discipline forte. Les règles du jeu étant fixées, des systèmes mettent en action les individus hiérarchisés : fixation d'objectifs individualisés et application de systèmes spécifiques. Les systèmes touchent tous les aspects de l'entreprise : systèmes de production (fordiste, toyotiste), systèmes de marketing-vente (études, tests, etc.), systèmes d'achat (appels d'offres, cahier des charges), systèmes de communication (les systèmes d'information), systèmes comptables et financiers (comptabilité analytique, etc.), systèmes logistiques qui sous-tendent les autres systèmes.

Tous ces systèmes ont le même but : permettre l'épanouissement des décisions individuelles en les cadrant à l'intérieur de limites fixées à l'avance. Les fiches, procédures, règles, ont pour objet de borner, autant que possible, des comportements humains imprévisibles.

La stimulation des systèmes vient de l'extérieur de l'entreprise : de la concurrence des autres firmes. La concurrence est la limite des volontés individuelles par la volonté « des autres ». Elle est perçue, en Occident, comme la source même de la motivation des entreprises, c'est-à-dire de leur progrès continu. En ce sens, elle s'oppose à la vision asiatique qui la remplace par le jeu des réseaux et l'évitement de la concurrence, toujours vécue comme « excessive » ! Elle a pour elle d'aiguillonner les activités de chacun mais aussi d'empêcher la corruption. De ce fait, l'économie de marché prétend être morale. Cette concurrence oblige en permanence à la transparence, à la réactivité, à la qualité et à l'identification forte de l'éthique : elle est bien au cœur du dynamisme du capitalisme. Il importe donc de la garantir (c'est l'objet des lois *anti-trust*) car l'objectif profond de chaque entreprise est de sortir de la contrainte concurrentielle, en « tuant » les concurrents ou en les dominant par la puissance. L'économie de marché n'est donc morale que si l'État garantit la concurrence. Sinon, l'entreprise occidentale rejoint la firme asiatique dans sa recherche de réseaux « amis », d'évitement de la concurrence et, parfois, sombre dans la corruption.

Le facteur humain retrouve toute son importance dans la gestion moderne des « ressources humaines ». Longtemps, le « personnel » a été perçu, en Occident, comme un simple facteur de production, s'opposant à une vision plus humaniste en Asie. Mais, sous la critique interne des professeurs de management (notamment, aux États-Unis, celle de Mc Gregor, dès les années 1970, avec son livre *The Human Side of Enterprise*) et sous la pression, en Europe, des syndicats, l'homme a retrouvé sa centralité et sa « gestion » est devenue une priorité. Cette gestion est restée, en partie, scientifique (identification des « potentiels », gestion des carrières) mais des efforts plus émotionnels sont apparus :

communication interne, *team-building*, formation extra-professionnelle (culture générale, par exemple). Dans de nombreux groupes occidentaux, le directeur des ressources humaines a rang de vice-président et siège au comité exécutif. Cette importance s'accroît avec l'internationalisation de la firme et la gestion de personnels polyculturels.

Enfin, un facteur complémentaire de bonne gestion a été mis en avant : la transparence. Celle-ci est technique (comptes transparents, publiés, expliqués) mais aussi humaine (forte communication interne sur la marche de l'entreprise, meilleure circulation de l'information, etc.). En cela, l'Occident se différencie fortement de l'Asie où l'opacité, le flou et même la tromperie (il existe plusieurs comptabilités) sont encore trop souvent la règle.

Tous ces éléments impressionnent étudiants et managers chinois qui y voient les fondements de la réussite occidentale.

❑ *Les faiblesses du management occidental perçues par les Asiatiques*

Le contexte très complexe (chocs successifs portés par les Occidentaux, en particulier l'humiliation coloniale, la situation particulière des *joint-ventures* et l'impréparation qui caractérise les deux parties, etc.) explique que la critique est souvent sans nuance : derrière l'entreprise et sa gestion, elle porte sur l'arrogance de la civilisation occidentale tout entière.

En fait, la critique s'adresse aux deux piliers du management occidental : son caractère scientifique et son individualisme, sans les disqualifier totalement. C'est leur excès qui est perçu comme problématique, excès qui est, par définition, susceptible d'être corrigé... naturellement par la tolérance et l'amour de l'équilibre des philosophies asiatiques !

Le management scientifique, la raison et la logique, l'esprit de système conduisent presque nécessairement à l'abstraction (nécessaire au calcul économique). Cette abstraction, poussée à l'extrême (et cela arrive souvent), finit par faire oublier que le sujet des calculs (ainsi que les acteurs de ces calculs), ce sont des êtres humains, infongibles, particuliers et, en fin de compte, impossibles à analyser. L'aboutissement est que l'être humain est « réifié », considéré dans l'entreprise comme un pion et à l'extérieur comme une machine à consommer, manipulable et méprisée. Il y a de la perspicacité dans cette analyse de nos excès, analyse partagée par les intellectuels occidentaux qui la dénoncent tout aussi bien. Par ailleurs, les calculs, parce qu'ils portent sur des unités (les individus) qui ne sont pas fongibles, sont faux. Certes, les managers occidentaux le savent mais n'en tirent pas moins, souvent, des conclusions définitives et conduisent, malgré tout, des actions considérables, par leur coût et par leurs effets.

L'économie et le management sont-ils des sciences dures ? Voilà un débat qui a cours en Occident et la réintroduction, sous l'effet des critiques internes à notre civilisation, du facteur humain (les sciences molles) modifie considérablement à la fois les calculs économiques et les comportements managériaux.

La vision globale, la planification à long terme, les scénarios prévisibles, les réactions préparées, les objectifs lointains et programmés sont perçus par les Asiatiques comme une vaine certitude de pouvoir gérer les hommes et les choses. En tout cas, les Asiatiques visent moins loin, pilotent à vue et se fient à leur réactivité plus qu'à la planification. Les forces qui conduisent l'avenir ne nous sont pas connues mais notre capacité de rebond, de survie et de créativité est, elle, inépuisable.

L'*Art de la guerre* (Sun Zi) est une bible pour les managers asiatiques. Il met en avant l'analyse immédiate, la perception correcte du rapport de forces ainsi que la valeur de l'audace. Ainsi, si le management est, lui-aussi, un art, il ne saurait être une science.

Enfin, puisé également dans l'*Art de la guerre*, il y a le sentiment profond que la transparence et la concurrence sont, en définitive, moins efficaces que la dissimulation et le flou, l'opportunisme et l'évitement de la concurrence.

L'individualisme, parce qu'il est étranger aux philosophies d'Asie (hindouisme, bouddhisme, confucianisme, taoïsme, etc.), est suspect. La critique de Sun Zi porte sur deux aspects. Poussé à l'extrême, comme l'y invite la pensée occidentale (… et la concurrence), l'individualisme conduit à des comportements immoraux :

– d'abord la négation ou l'oubli de l'autre, des autres, c'est-à-dire de la société ; surtout la conviction que, les individus n'étant pas égaux de nature, les plus forts dominent (et s'entendent pour dominer) les plus faibles ; ce faisant, ils détruisent dans l'œuf qui est l'essence de la concurrence, la pluralité des acteurs et leur relative équivalence.

– par conséquent, le seul mécanisme correcteur de l'excès d'individualisme (la « main invisible ») si tant est qu'elle existe, n'a plus prise et le marché ressemble davantage à un « poulailler libre dévasté par un renard libre » qu'à un lieu d'autorégulation.

Ce marché, supposé conduire à l'équilibre sinon à l'harmonie, est en fait un lieu de chaos, de désaccord et de destruction. Les individus sur ce marché sont conduits à des comportements que l'Occident lui-même refuse : agressivité, ruse, abus (l'« abus de position dominante » étant même inscrit dans ses lois et farouchement pourchassé).

Mais il y a plus encore. Individualisme et droits de l'homme s'inscrivent dans la tradition démocratique qui donne autorité à la majorité. Cette acceptation de la règle de la majorité s'impose même hors du champ politique, dans l'entreprise (réunions, comités exécutifs, conseils d'administration).

Or, pour les Asiatiques, cette règle est perçue comme particulièrement agressive à l'endroit de la minorité (*winner takes all* disent les Anglo-Saxons). Pourtant, cette minorité peut être importante (jusqu'à 49,99 %) et difficilement accepter de tout perdre. Cela ne permet pas d'envisager une société harmonieuse, au contraire de la recherche du consensus. On constate la crispation de la démocratie américaine après la première élection, disputée et discutée, de George W. Bush. On connaît aussi les réels progrès de la construction européenne, à ses débuts, lorsque la règle de l'unanimité (qui équivaut au consensus) était en vigueur.

L'imposition du droit de la majorité, au besoin par la force (du droit), s'oppose absolument à la vision asiatique de l'harmonie. Dans la pratique, on le verra, le temps (parfois énorme) consacré à l'obtention du consensus est ensuite largement rattrapé par une exécution plus rapide et plus sereine des décisions. L'Asie est porteuse d'une vision autre de l'efficacité.

La contribution du management asiatique au management global des firmes du XXIe siècle

Face à l'Occident triomphant (pour le moment) et à sa domination intellectuelle (non religieuse), il existe une alternative laïque, celle de la civilisation confucéenne (qui peut être assimilée à la civilisation chinoise).

Cette situation offre deux débouchés possibles : la confrontation ou le compromis. Le thème central de ce livre est que l'intérêt des *world companies* est de rechercher le compromis. Le chapitre 5 en définira les voies et les méthodes. Pour l'instant, il est important de bien comprendre que les Asiatiques ont un sentiment fort d'avoir quelque chose à apporter au management global.

La voie fut ouverte par le Japon et sa supériorité dans le domaine de la gestion de la production. Mais la crise japonaise (de 1991 à aujourd'hui) puis la crise globale de l'Asie (en 1997) ont introduit le doute en Occident… mais pas en Asie et surtout pas en Chine qui, échappant aux crises, se trouve en position de puissance. De son côté, l'Inde, en pleine transformation, prenant de l'assurance, se souvient qu'elle est la mère de toutes les philosophies d'Asie (y compris le bouddhisme et, par bien des traits, le confucianisme). Elle aussi est persuadée de sa capacité à contribuer au modèle de gestion global du XXIe siècle.

❑ *L'exemple du toyotisme*

Le Japon, par le biais de son entreprise phare, Toyota, a inventé une nouvelle manière de gérer la production. Le MIT l'a surnommé « la machine qui a changé le monde », une machine qui a inventé une nouvelle méthode de management, le TPM *(Total Production Maintenance)*, connue en France sous le nom de JAT (le « juste à temps »).

De fait, le toyotisme a généré une double erreur d'analyse.

Tout d'abord, l'Occident a cru qu'il s'agissait de techniques. Certes, le TPM inclut plusieurs techniques véritablement innovantes : les ateliers multifonctions (et l'enrichissement des tâches des ouvriers qui en résulte), le zéro stock, les flux tirés (signalés par une simple fiche, le *Kanban*), les cinq S (*Seiri* – éliminer, *Seiton* – ranger, *Seigo* – nettoyer, *Seiso* – standardiser, *Seiketsu* – respecter/progresser), les cercles de qualité et de suggestions, le *Kaizen* (amélioration et créativité permanentes) et le réengineering.

Ce qui n'a pas été vraiment perçu en Occident, c'est le fondement philosophique du toyotisme : le confucianisme impose une stricte hiérarchie naturelle, établit la dignité de chacun, quelle que soit sa place dans la société… et sa fonction dans l'entreprise. Ohno, l'ingénieur de Toyota qui mit en place le nouveau mode de production, respectait les ouvriers japonais et avait conçu l'idée de mieux utiliser ce qui faisait leur différence avec les ouvriers du monde entier : leur haut niveau d'éducation, l'homogénéité de la société japonaise, l'esprit d'équipe. L'ouvrier, désormais baptisé « opérateur », est écouté et entendu : c'est lui qui décide, à son niveau, de ce qui est le mieux pour lui, donc pour son efficacité. La nouveauté est que les suggestions ainsi faites au niveau de la base sont immédiatement appliquées et affichées. Quant à l'esprit d'équipe, il est constamment mis à l'épreuve puisque, en cas d'arrêt d'une seule machine (bruyamment manifesté par un coup de sirène et identifié par un signal lumineux), c'est toute l'usine qui stoppe, à charge pour tous de résoudre le problème de l'un d'entre eux : solidarité oblige.

L'Occident, ainsi que le reste de l'Asie, a évidemment pris la mesure de la percée conceptuelle du toyotisme, d'autant plus facilement que les Japonais en ont fait une promotion permanente. Dans la réalité, ces derniers rendaient hommage à des ingénieurs américains dont le fameux Deming, « inventeur » des cercles de qualité, reconnaissant honnêtement ce qu'ils devaient à l'Occident.

Cependant, le pays de l'inventeur n'avait pas su aller aussi loin et aussi largement que les Japonais. Et aujourd'hui, alors que les États-Unis et l'Europe ont tous aligné leur méthode de production sur celle de Toyota, il reste encore un écart, inexpliqué. Ainsi, aux États-Unis, l'usine automobile la plus performante reste... une usine japonaise, celle de Nissan.

Lorsque les ingénieurs occidentaux visitent une usine japonaise (et ils continuent de le faire régulièrement), ils ne peuvent que constater que les Japonais font « un peu mieux », plus simplement mais plus rigoureusement. C'est que l'usine japonaise baigne dans un milieu extrêmement favorable, le Japon confucéen, qui déteint sur chaque individu *via* l'éducation familiale et scolaire. Le milieu fabrique ainsi, de façon continue, ce que l'on appelle l'esprit d'équipe.

L'erreur fut de ne pas voir que le toyotisme était davantage qu'une technique : une culture.

L'autre erreur a été commise par les Japonais et partagée par les Occidentaux : l'illusion de croire que l'efficacité manufacturière suffisait pour assurer la productivité nationale. Dans des économies où la majorité (le plus souvent dans les pays développés, les deux tiers) des activités sont les services, c'est là que se joue la compétitivité nationale.

Or, étonnamment (personne n'a su l'expliquer), le Japon a négligé la productivité des cols blancs. L'exemple le plus frappant est celui de Nissan. En faillite, Nissan, dont la banque de groupe (la Fuji Bank) était elle-même en grande difficulté, a dû se tourner vers un repreneur extérieur. Ce fut Renault. Et, à la surprise des ingénieurs de Renault, Nissan possédait encore les usines automobiles les plus productives du monde, au Japon même mais aussi en Grande-Bretagne et aux États-Unis. L'échec de Nissan provenait de tout le reste : achats, conception des modèles, marketing, organisation de la vente, systèmes d'information, etc. Il se trouve que la productivité de ces fonctions, en amont et en aval de la production, est relativement facile à améliorer car il ne s'agit que de bon management : fixation d'objectifs clairs, innovation produits, écoute du marché, organisation. Les

Japonais apprennent vite. Le *Nissan Revival Plan* fut un succès, dans les délais annoncés. Aujourd'hui, Nissan cumule la meilleure productivité manufacturière avec une bonne gestion globale et est, déjà, en meilleure forme que l'allié Renault !

On retiendra du toyotisme qu'il est une approche technique « à base humaine », très spécifique du Japon et assis sur une pensée, le confucianisme, qui domine la civilisation de toute l'Asie. Pour la première fois dans l'histoire moderne, un pays non occidental a innové en matière de management, a imposé le standard mondial et s'est offert comme exemple : le monde s'est mis à l'école japonaise de la production.

Cet exemple n'est pas perdu pour les nations asiatiques qui, surmontant l'humiliation imposée par l'Occident du XVIe au XXe siècle souhaitent aujourd'hui être respectées, c'est-à-dire écoutées.

❑ *La contribution asiatique*

La pensée asiatique a été féconde : au cours des derniers 2 500 ans, plusieurs écoles (confucianisme, bouddhisme, taoïsme, légisme, etc.) ont modelé les systèmes politiques (notamment l'Empire chinois), religieux (le bouddhisme d'origine indienne s'est imposé dans toute l'Asie de l'Est) et militaire (Sun Zi, le Machiavel chinois, a défini les stratégies et les tactiques gagnantes).

Aujourd'hui, l'économie est au cœur de la puissance des nations. Les Asiatiques ont donc entrepris de transposer à la gestion des entreprises les enseignements des anciens sages : le partage des objectifs des firmes (le politique), l'esprit de cohésion et de sacrifice (le religieux), la stratégie de conquête (le militaire) sont l'objet d'une intense réflexion. L'enjeu est de taille : la modernité a été apportée par l'étranger, par l'Occident. Dominateur, il a transféré ses techniques et ses savoirs. Le management occidental, ayant fait ses preuves, a été adopté par l'Asie mais dans un esprit critique, on l'a vu.

Ce qui est nouveau, c'est la volonté des grandes firmes d'Asie, japonaises, coréennes, chinoises, d'élaborer un management *sui generis* qui, naturellement, reprendrait les apports occidentaux et japonais (toyotisme) en y ajoutant des modalités asiatiques. Il est temps de nous demander ce que pourraient être ces modalités asiatiques : quelle sera la contribution de l'Asie au management de ce siècle ?

La contribution confucéenne englobe le Japon, la Corée du Sud, les minorités chinoises d'Asie du Sud-Est et la Chine. Nous y ajouterons la vision indienne, hindouiste, qui sans s'écarter beaucoup de la vision confucéenne, ajoute un élément fort qui fait réfléchir, la spiritualité.

Pour les managers asiatiques, pétris de l'enseignement confucéen (celui de leurs parents, de l'école, de la société), le bon management prend largement le contre-pied du management occidental, non pas pour le remplacer, mais pour lui ajouter les éléments qui, selon eux, lui font défaut.

❑ *Le management par l'humanité*

S'opposant au management scientifique, les Asiatiques proposent un management humaniste. Cette notion complexe qui nous surprend (l'Occident a une vision plutôt méprisante du management asiatique, perçu comme hyper-hiérarchique, autoritaire nuancé de paternalisme, intuitif donc non raisonné) mérite d'être creusée.

Le « principe d'humanité » est central dans le confucianisme. Il inclut des attitudes telles que la bienveillance, la compassion (que l'on retrouve dans le bouddhisme), la compréhension ou du moins l'écoute de l'autre, le respect des autres tel que le définit, avec précision, l'étiquette confucéenne (les anciens se voient reconnaître le privilège de la sagesse).

Il comprend aussi les vertus du cœur : sincérité, force d'âme, intelligence du cœur.

❑ *Le management par la confiance*

Une deuxième contribution du management asiatique est la relation de confiance, au cœur du principe hiérarchique. La subordination est perçue comme un abandon de soi vers le supérieur dont on attend en retour protection et enseignement. Au Japon, cette relation est appelée *amae*, dans laquelle l'enfant s'abandonne dans les bras de sa mère car il est certain d'y trouver une protection absolue.

Dans l'entreprise, cette relation de confiance se construit autour du concept de maître et de disciple. L'ancienneté confère des droits mais aussi un devoir essentiel : celui de transmettre les savoirs. On mesure la perturbation des entreprises asiatiques lorsqu'un manager occidental vient briser ces relations au nom de l'avancement au mérite. Cette notion, outre qu'elle apparaît comme bien vague aux yeux des Asiatiques (comment mesurer objectivement le mérite d'un individu alors que l'on ne gagne qu'en équipe !), est jugée destructrice car elle empêche la totale transmission des savoirs entre générations. Carlos Ghosn, chez Nissan, a bien perçu cette difficulté. On verra dans le chapitre 5 comment il l'a résolue, par combinaison culturelle.

La complexité des relations interindividuelles n'a pas échappé aux Asiatiques qui la gèrent en codifiant ces relations et en établissant un fort principe de réciprocité (par exemple dans l'*amae*).

❑ *Le management par l'harmonie et la recherche du consensus*

De la réciprocité, on tend à l'équilibre des relations entre individus, équilibre qui vise à établir, le plus possible, l'harmonie relationnelle. Cette harmonie est un bien si précieux qu'elle conduit au sacrifice individuel (s'abstenir de donner son opinion, accepter des directions que l'on ne comprend ni n'accepte, quitter le groupe, etc.).

Cette recherche de l'harmonie à tout prix n'est pas nécessairement contradictoire avec le changement mais il est clair qu'il le ralentit : on peut ainsi analyser la (très) longue crise japonaise comme le refus de changer trop rapidement les mécanismes sociétaux (même si les dirigeants en reconnaissent la nécessité et même l'urgence) de peur de rompre des équilibres anciens.

Elle implique l'évitement des conflits : le débat entre individus (considéré comme sain et nécessaire en Occident) est limité par la recherche du consensus, même si cette recherche est longue, pénible, voire antiproductive à court terme ; la concurrence est très vite jugée excessive et est tempérée par la coopération (c'est-à-dire parfois le partage des marchés, la collusion, et même la corruption). Le concept de « co-pétition » (concurrence mêlée de coopération) est difficilement compris ou admis en Occident mais il apparaît comme « loyal » en Asie. L'environnement naturel doit être respecté car l'homme y trouve son équilibre : les Renaissances asiatiques (1868 au Japon, milieu du XXe siècle pour le reste de l'Asie, 1979 pour la Chine) ont commencé par oublier ce principe mais, assez vite, les dégâts sont apparus comme immenses. Même la Chine, qui voit dans les contraintes d'environnement un frein possible à sa croissance, s'y est ralliée.

L'harmonie au sein de l'entreprise implique également la prise en compte de toutes les parties prenantes *(stakeholders)* et pas seulement des actionnaires *(shareholders)*. Les groupes japonais privés, comme les entreprises publiques chinoises, suivent cette logique, ce qui les différencie fortement de la plupart des entreprises occidentales privées. Les *joint-ventures* y trouvent une difficulté centrale. L'harmonie doit s'établir également au sein des divisions, départements, services de l'entreprise, autour de la notion d'équipe.

❑ *L'esprit d'équipe, le travail en équipe*

L'esprit d'équipe et le travail en équipe qui, en Occident, doivent faire l'objet d'un apprentissage difficile et long sont naturels en Asie. Beaucoup y voient le moteur principal de l'efficacité des entreprises asiatiques qui, par ailleurs, sont lourdement chargées de contraintes.

De même, le partage rapide et large de l'information participe de cette efficacité confucéenne.

❑ *Les droits individuels mais aussi les devoirs sociaux*

Chaque individu est éduqué à comprendre « de lui-même » que ses droits individuels doivent prendre en compte ses devoirs vis-à-vis de la société, c'est-à-dire vis-à-vis des autres individus. Le sens de la responsabilité, de l'autolimitation de son individualité, est une qualité de première importance. L'individu occidental en était pétri mais une dérive, qui s'est accélérée au cours de la fin du XXe siècle, lui a fait perdre ce bien précieux. Il est devenu égoïste, revendiquant ses « droits acquis » sans regard pour l'effet de ses droits sur l'ensemble de la société. Là réside une des critiques majeures des Asiatiques vis-à-vis de la civilisation occidentale telle qu'ils la rencontrent aujourd'hui.

Cette autolimitation des droits n'empêche pas une « automotivation » très forte qui se manifeste de plusieurs manières : d'abord par la volonté d'éducation qui fait de la vie des écoliers et lycéens asiatiques une sorte d'enfer tant la recherche de bonnes notes et la réussite aux examens apparaissent comme vitales à leurs yeux… et à ceux de leurs parents. Cet effort d'éducation se poursuit toute la vie.

Elle se manifeste ensuite par la conception d'une « consommation restreinte » : la frugalité est une qualité très respectée en Asie et la folie de la consommation, telle qu'elle existe en Occident (et, bien sûr, en Asie également, tant le besoin de rattraper la consommation perdue et d'établir son nouveau statut social est puissant), est méprisée. On peut rapprocher cette attitude de la politique du gouvernement chinois qui s'inquiète de la surchauffe de l'économie (et de son impact, par exemple, sur le prix des matières premières mondiales) et entend freiner la croissance, comme il le fit déjà en 1993, réussissant un *« soft landing »* qui lui permit d'échapper à la crise asiatique de 1997. Au-delà de la régulation macro-économique, le gouvernement chinois considère les dangers de comportements de consommation à tout va comme une occidentalisation… c'est-à-dire une perversion !

L'automotivation passe également par des formes d'abnégation : respect des anciens, respect du travail d'équipe, tolérance pour le point de vue des autres.

❑ *La vision globale et la relation passé-présent-futur*

S'agissant de stratégie, la vision asiatique diffère de la vision occidentale, prométhéenne, volontariste et agressive : elle est « douce ».

Sun Zi, l'auteur de l'*Art de la guerre*, enseigne d'observer longuement les forces en présence et de donner la préférence à une stratégie qui va « dans le sens du courant », c'est-à-dire qui tient compte de l'état des forces en présence. Il recommande de n'attaquer qu'à coup sûr, rejetant toute forme d'héroïsme, héroïsme qui marquerait fortement les stratégies des firmes occidentales. Dans la pratique, cela implique que le temps consacré à la préparation des actions soit nettement plus important en Asie qu'en Occident.

En premier lieu, les dirigeants se consacrent à « cadrer l'action », à établir des critères de décision clairs avant même d'entrer dans le processus décisionnel. Ce « temps perdu » (c'est ce que pensent nombre d'Occidentaux) est rattrapé par la solidité de la prise de décision (même si la recherche de consensus prend du temps) et, surtout, par la rapidité de l'exécution. À l'opposé, les dirigeants occidentaux, soucieux de prendre promptement des décisions, voient souvent l'exécution ralentie par les dissensions internes.

Ensuite, les dirigeants asiatiques intègrent bien le principe holistique contenu dans le concept de complexité qui qualifie bien les organisations modernes. Chaque élément d'une décision a des conséquences multiples qui déclenchent d'autres décisions qui, elles-mêmes, façonnent le contexte : percevoir la globalité d'une situation, avec ses actions-réactions multiples, fait partie du jugement des leaders, de leur capacité à appréhender le tout. Là où l'Occidental verra de l'intuition, l'Asiatique verra de l'expérience et du bon sens.

Enfin, toute décision sur l'avenir doit s'appuyer sur le passé. Ce passé doit être respecté car il a été élaboré par les anciens. Les nouveaux dirigeants doivent inscrire leur démarche dans un *continuum*. Encore une fois, on ne peut pas bâtir l'avenir autrement qu'en s'appuyant sur l'équilibre atteint par l'accumulation des décisions passées, et sur ce qui a été construit précédemment. Cette stabilité doit être maintenue dans l'action et n'est pas en contradiction avec l'évolution et le changement.

Il en résulte des modes managériaux bien spécifiques.

❑ *Une hiérarchie stricte*

La hiérarchie confucéenne est acceptée par tous car elle est « naturelle ». Chacun trouve sa place et sa dignité, quelle que soit sa situation sociale. Par ailleurs, il existe un ascenseur social : l'éducation. Le mandarinat, inventé par les empereurs de Chine, donnait leur chance à n'importe quel citoyen de l'Empire, dans le cadre d'un concours national. Cette hiérarchie reste cependant pesante. Elle comporte des éléments visibles de féodalisme.

En Corée du Sud, par exemple, on voit encore des cadres quitter le bureau du président à reculons ! C'est que le système féodal asiatique, à bien des égards comparable au système féodal européen, s'est prolongé plus longtemps que ce dernier.

Au Japon, le féodalisme a duré jusqu'à l'occupation américaine de 1945… et encore en trouve-t-on des traces dans les *keiretsu* du type Mitsui. En Corée du Sud, les *chaebol* apparaissent comme des fiefs féodaux où les relations de vassalité sont présentes. Dans les entreprises publiques chinoises, le système maoïste avait conservé, malgré les apparences, une hiérarchie impériale et les réformateurs d'aujourd'hui ont bien du mal à moderniser de telles organisations, figées dans le passé.

Il est clair que ces systèmes féodaux ne sont plus en phase avec la mondialisation. L'art des nouveaux dirigeants asiatiques est, par conséquent, de transformer ces systèmes sans détruire ce qu'ils conservent de positif et, avant tout, l'esprit d'équipe, l'abnégation chevaleresque, le sentiment du devoir et l'acceptation des leaders (leur légitimation par l'éducation, l'ancienneté et leur caractère « bienveillant »).

❑ *Le travail en équipe*

Il est d'autant plus nécessaire de le conserver que les Asiatiques remarquent les efforts, coûteux, des firmes occidentales pour introduire, dans leur gestion, la valeur du travail d'équipe ou le sentiment d'appartenance à l'entreprise.

Cependant, il est important pour les managers asiatiques de ne pas se tromper d'analyse : l'effort des Occidentaux pour créer, dans un contexte individualiste exacerbé, un véritable esprit d'équipe peut se révéler plus efficace que l'esprit d'équipe « naturel » qui règnerait en Asie. En effet, celui-ci s'exerce dans un contexte confucéen, marqué par la forte relation hiérarchique alors qu'au sein des entreprises occidentales, les *task forces* coupent au travers des hiérarchies pour associer, à égalité, plusieurs expertises. S'il y a leadership, celui-ci ne peut être imposé. La légitimité du leader vient de sa capacité à coordonner, arbitrer, harmoniser plus qu'à commander. On verra, au chapitre 5, comment prendre des précautions avant de comparer.

❑ *L'organisation flexible*

L'autre mode de management à considérer est la capacité asiatique à dessiner des organisations flexibles. Ce type d'organisation vise à adapter l'entreprise aux circonstances plutôt qu'à affirmer dogmatiquement une forme d'organisation permanente sensée résister aux événements.

Une autre manière d'expliciter ce mode managérial est d'affirmer la primauté des hommes sur les structures : c'est l'organigramme qui s'adapte aux qualités spécifiques des managers et non l'inverse.

L'entreprise familiale chinoise est le prototype de cette organisation flexible mais on constate, à l'intérieur des grands groupes japonais et coréens, cette capacité à changer les hommes de place, à les « réorganiser » selon les circonstances. En Occident, une école de management a mis en avant l'*organization developement (OD)*, un département chargé précisément d'adapter les organisations au développement de l'entreprise. On ne peut pas dire que cette conception ait fait une réelle percée en Europe ni même aux États-Unis, à l'exception des *start-up* et des entreprises de nouvelles technologies.

Cette même flexibilité se retrouve dans la capacité des firmes asiatiques à créer des réseaux d'alliances, réseaux permanents et formels *(chaebol, keiretsu)* ou informels, comme en Chine, où l'entreprise, comme ses employés, s'évalue à l'aune de ses *Guanxi*, de ses relations avec les pouvoirs (économiques, sociaux, politiques) qui peuvent contribuer à son succès. Ce bon maillage se cultive avec persévérance, quasi scientifiquement.

Quant au leadership, il est souvent tempéré. Ainsi, au sommet des grands groupes japonais (à l'exception de ceux créés après la guerre par des personnalités fortes : MM. Toyoda, Morita, Honda, Matsushita, etc.), les *chairmen* et autres présidents n'arrivent qu'en fin de vie professionnelle (après 55 ans) au pouvoir qui sera, donc, d'une durée brève. Cette brièveté impose que le passage soit lisse et s'inscrive dans la ligne des prédécesseurs. Le maintien de l'harmonie est plus précieux que le développement. L'exacerbation de la concurrence mondiale exerce une forte pression pour un changement de leadership. Certains dirigeants chinois de groupes comme HAIER, ayant une ambition mondiale, exercent le pouvoir « à l'occidentale » et ne s'en cachent pas.

❑ *Une vision critique chinoise du management asiatique*

Cette vision critique est celle des dirigeants asiatiques eux-mêmes, comme on vient de le mentionner avec l'exemple de HAIER.

L'efficacité est le critère principal des dirigeants asiatiques d'aujourd'hui. Ils admettent volontiers qu'adopter l'esprit de système occidental, fondé sur la raison et la logique, a fortement contribué à l'émergence des firmes asiatiques. Rigueur, planification, organigramme « en râteau » et vision à long terme sont les ingrédients de leurs succès. Ils reconnaissent que la recherche du consensus à tout prix est facteur de retard, de manque de créativité et, surtout, que ce consensus plutôt « mou » conduit à des choix moins bons (*second* ou *third best*) que ceux des firmes occidentales.

La concurrence ouverte ne permet plus aux Asiatiques de pratiquer les petits jeux d'antan. La crise japonaise a fait exploser les « trésors » du management japonais qu'étaient l'emploi à vie et l'avancement à l'ancienneté. La réforme des entreprises publiques chinoises, doublement spécifiques de par le confucianisme et les restes de maoïsme, est une condition vitale de la poursuite des progrès en Chine.

De même, la nécessaire créativité a besoin d'esprits individualistes, de ruptures, de chocs violents. La créativité collective elle-même n'est efficace que si les équipes sont composées d'individus libérés, confiants, prêts à défendre leur point de vue.

Ainsi, la mondialisation, si elle est acceptée (et elle l'est par tous les grands pays d'Asie), ne permet plus de conserver des modes managériaux insuffisamment efficaces.

Si les Asiatiques ont le sentiment très fort qu'ils ont des valeurs positives à apporter au management global, ils reconnaissent que c'est seulement en ajoutant leur vision à celle de l'Occident qu'ils peuvent espérer progresser. Il ne sert à rien de critiquer la vision occidentale du management, « trop mécanique », « trop abstrait », « trop calculateur » alors que les firmes occidentales ne cessent d'acquérir des firmes asiatiques ou d'entrer dans des *joint-ventures* qu'elles finissent par contrôler.

Les firmes asiatiques qui restent indépendantes, et elles sont encore la majorité, se doivent d'abord de jeter un œil critique sur leur style de management traditionnel. Cette autocritique, socialement bien acceptée, ne signifie pas qu'elles songent à abandonner leur vision au profit du « tout capitaliste ». Elle conduit cependant à respecter le management occidental pour sa capacité à constamment créer de l'efficacité et, également, à se remettre en cause en permanence.

L'arrogance prêtée aux Occidentaux n'est probablement plus d'actualité. Elle laisse place à une analyse sans faiblesse de leur mode de fonctionnement.

❑ *La vision indienne du management*

La remise en cause du management occidental est encore renforcée par la vision indienne. Cette vision n'est pas négligeable tant l'Inde, dans son émergence, et les managers indiens dans leur présence au sommet de nombreuses *world companies*, offrent un dynamisme nouveau. Ce dynamisme se prétend différent.

La critique indienne rejoint, en grande partie, celle des Chinois mais avec des inflexions qu'il est intéressant de relever.

Le management occidental, fondé sur la vénération de la science et de la raison, est perçu par l'élite indienne comme une « désacralisation de la nature », une violence assumée, une « domestication-domination », celle qui a conduit les États occidentaux au colonialisme ou, du moins, à l'arrogance de se penser porteurs de valeurs universelles. Le leadership à l'occidentale est vu comme un impératif : celui d'aller jusqu'au bout du potentiel offert par les circonstances ou par la nature. Cela ne peut conduire qu'à des excès. Les relations humaines, compétitives, seraient fondées sur la méfiance. Il faut des lois, parfois des contrats écrits et précis, pour vaincre cette méfiance et permettre l'échange. La contrepartie, bien comprise par les Indiens, est que l'individu occidental est porteur de sa responsabilité et assume les risques de l'entrepreneur.

Rappelons que la culture indienne est composite : hindouisme, jaïnisme, christianisme, islam se côtoient. L'Inde a subi un choc colonial de grande envergure mais qui a contribué à une certaine unification, par la langue (l'anglais) et par l'organisation politique (la démocratie). Le manager indien est le résultat de ce *mix* complexe. De plus, une émigration permanente a porté les marchands indiens en Afrique et en Asie de l'Est. Aujourd'hui, l'élite indienne se forme en Grande-Bretagne et, de plus en plus, aux États-Unis où elle réussit magnifiquement.

Ce que dit cette élite indienne mérite donc d'être entendu. Les Indiens, comme les Chinois, sont persuadés qu'ils ont beaucoup à apporter au management global des entreprises. Leur tradition, par sa force, leur semble capable de contribuer à l'efficacité des entreprises modernes, précisément par le rappel de ce qui est permanent, la spiritualité de l'être humain. L'oubli de cette spiritualité leur semble être un facteur de désordre, de déséquilibre, de perte de sens. Si on peut introduire un peu de cette spiritualité dans des organisations et des systèmes, l'entreprise, lieu de rencontre des hommes, ne peut qu'en bénéficier.

Cette spiritualité s'adresse à l'individu, à la société et à cette forme particulière d'organisation sociale qu'est une entreprise.

Sur un plan individuel, l'origine des tensions, conflits, dysfonctionnements, est le stress qui pollue les comportements. La tradition indienne de la méditation, du yoga notamment, vise précisément à lutter contre cette pathologie de l'homme en présence de situations qu'il ne comprend pas et qu'il ne sait pas gérer. Cette même tradition rappelle la globalité de l'homme qui reste un homme même dans une organisation. Cette globalité vise aussi à ne pas séparer l'intellect (notre cerveau gauche) de l'esprit (notre cerveau droit).

Les Indiens prônent un style de management inspiré des philosophies et des religions indiennes qui conduisent à la tranquillité de l'esprit. Cette sérénité permet de négocier avec les autres, sans conflits, et de régler les problèmes en les appréhendant de façon globale.

Quant à la valeur du travail, les Indiens vont encore plus loin que les Chinois dans sa célébration : pour eux, le travail est tout simplement une prière.

La vision sociétale en Inde est assez proche du confucianisme, qu'elle a sans doute influencé. La hiérarchie sociale est « naturelle » et les castes constituent la structuration la plus achevée d'une société hiérarchisée. Les « hors castes » existent mais on les retrouve également dans l'Asie sinisée (les *burakumin* japonais par exemple). L'ascension sociale par l'éducation est possible mais plus difficile qu'en Chine. Cette rigidité sociale expliquerait le retard de l'émergence indienne par rapport à celle de la Chine. Le formalisme (l'étiquette confucéenne) est portée à l'extrême : le respect des anciens masque une discipline forte, imposée « par le haut ». Comme dans le confucianisme, l'harmonie est un bien recherché. Elle touche également les relations avec la nature et avec l'environnement social. Les managers doivent être de « bons citoyens » et, dans l'entreprise, les actionnaires doivent tenir compte des autres parties prenantes *(stakeholders)*.

Précisément, comment cette vision conduit-elle à un style de management spécifique ? La réponse est claire : l'entreprise, lieu de rencontre d'êtres humains, a un but ultime : la réalisation de chaque individu, l'épanouissement de sa spiritualité.

Cette vision éthique du management n'est pas perçue comme un frein à l'efficacité. Au contraire, l'entreprise est conçue comme un lieu de réconciliation entre les valeurs individuelles (sens de la responsabilité, attention portée aux autres, confiance, courage, sérénité) et l'efficacité du groupe (créativité, ambition, caractère soutenable de la croissance). Les firmes gagnantes sont celles où cette réconciliation est rapide et permanente. La capacité d'un groupe humain à échanger, à s'adapter et à créer est sa source principale d'efficacité.

L'entreprise est aussi un lieu de réconciliation de la diversité culturelle, propre à l'Inde. De ce fait, le management d'une organisation ne peut être un absolu. Il est, nécessairement, le résultat de nombreux compromis, de la capacité à intégrer (en les relativisant) des visions différentes. La prise en compte de la diversité ne saurait faire obstacle à l'harmonie.

Les grandes fortunes indiennes sont nées à l'époque coloniale où les Indiens devaient coopérer avec la puissance dominante de l'époque, la Grande-Bretagne. Les grandes firmes indiennes sont à l'aise dans la mondialisation qui n'est que la poursuite de cet échange permanent entre cultures.

L'entreprise est un lieu d'exercice des capacités individuelles des managers, de leur spiritualité (capacité de jugement, courage, sérénité). Le caractère le plus respecté est la simplicité qui n'exclut pas la finesse ni la sensibilité, mais qui permet d'aller droit au cœur des problèmes. La simplicité implique aussi de reconnaître la globalité de l'homme : celui-ci ne peut être un simple rouage dans une mécanique et les émotions, intuitives, font partie des qualités humaines.

Le sens de la responsabilité s'exprime par l'attention portée aux autres, dans et hors de l'entreprise, ainsi qu'envers la nature. L'entreprise est un lieu de motivation par l'adhésion de chacun à un but commun, dans la loyauté. Le travail est l'expression de cette adhésion et y est donc aussi important que l'expertise. Le travail est sacralisé (il est une prière) et Gandhi le rappelait en interrompant son action politique, chaque jour, pour quelques heures passées à... filer du coton. L'entreprise est le résultat du travail des hommes et de leur interaction, pas celui des systèmes et des organisations.

Le leadership est reconnu mais son essence est complexe : souvent « naturel » (par la naissance, la famille) il se doit d'être légitimé par la « sagesse ». Celle-ci implique de n'exercer l'autorité que parcimonieusement. Plus importante que l'autorité du leader, c'est la capacité à « voir l'ensemble », avec un esprit tranquille, qui est sa marque.

Les grands managers indiens interrogés parlent d'un esprit pur, plus utile qu'un cerveau plein, et proposent un management doux *(soft management)* dominé par des sentiments humains davantage que par les techniques. La persuasion est plus efficace que l'autoritarisme. La vision à long terme est au cœur de cette spiritualité constamment mise en avant.

Ces qualités de leadership sont reconnues dans le monde entier où la diaspora indienne a trouvé une place de choix. On connaissait les marchands indiens qui organisaient les échanges de l'océan Indien et qui ont porté leur civilisation (l'hindouisme mais aussi l'islam) en Asie du Sud-Est. Mais aujourd'hui leur talent s'exprime dans la haute technologie : un tiers des *start-up* de la Silicon Valley serait le fait d'ingénieurs indiens ayant réussi leur MBA et qui sont restés aux États-Unis. Le retour au pays des autres n'a pas peu contribué au renouveau de l'économie indienne.

L'intégration de l'Inde à l'économie globale est en cours, ce qui renforcera la « leçon indienne » du management.

❑ *Les visions croisées des pays d'Asie*

Il est utile de comprendre ce que les grands pays d'Asie pensent de leurs voisins de la région tant les différences entre eux sont grandes.

Pour la commodité, on distinguera à nouveau l'Asie sinisée (*East Asia*, qui comprend le Japon et la Corée, la Chine et l'Asie du Sud-Est) de l'Inde.

En Asie de l'Est, un clivage est né entre les pays émergés (Japon, Corée du Sud, Hong Kong, Taiwan et Singapour) et les pays émergents (Chine et le reste de l'Asie du Sud-Est).

Les pays émergés d'Asie ont tous réussi une remarquable combinaison entre les techniques (y compris de management) venues de l'Occident et leurs propres valeurs. Cela n'a pas été suffisamment étudié en Occident, en raison de notre cécité intellectuelle mais aussi parce que les pays d'Asie eux-mêmes ont bien caché leur jeu et nous ont fait croire qu'ils adopteraient, également, nos valeurs. Trop contents de voir nos valeurs ainsi reconnues comme universelles, nous avons négligé d'y regarder de plus près.

La question est de savoir si cette fusion culturelle a fait des firmes asiatiques des entreprises plus à l'aise dans le monde global. Ce qu'on peut dire, c'est qu'un certain nombre de ces entreprises sont réellement devenues des *world companies* (Toyota, Sony, LG, Samsung, etc.) mais que leurs tentatives pour acquérir de grandes firmes occidentales ont été coûteuses et difficiles (par exemple, Sony achetant les studios américains de Columbia). Dans la pratique, les firmes asiatiques se développent seules et évitent les acquisitions lourdes ou les alliances.

Les pays émergents (à commencer par la Chine) ont bénéficié de cette mutation culturelle des pays émergés, au travers des transferts de technologies, des investissements et acquisitions, des *joint-ventures*. Rappelons que la Chine, entre 1978 et 2004, a reçu plus de 500 milliards de dollars d'investissements, pour une large part en provenance des autres pays d'Asie. Ceux-ci ont apporté, en même temps que leur argent, leurs modes managériaux.

Cet apport a conduit à une deuxième fusion culturelle, les pays récepteurs n'entendant pas adopter tels quels les styles de gestion de leurs voisins asiatiques. On peut visualiser ces relations managériales dans les grandes zones industrielles de Chine et, par exemple, dans la ville de Yantai (péninsule du Shandong au nord-est du pays). Cette ville est à quarante-cinq minutes d'avion de Séoul et une heure de Fukuoka, au Japon. Deux zones industrielles distinctes, l'une pour les Japonais, l'autre pour les Coréens, accueillent les délocalisations et les *joint-ventures*. Visiter ces usines, c'est toucher du doigt le choc culturel interasiatique.

Les leçons asiatiques sont en fait diverses et on peut tenter de les définir sans trop les caricaturer.

La leçon japonaise est triple :

– il y a d'abord l'esprit de groupe, plus poussé que nulle part ailleurs ;

– il y a ensuite le TPM (juste à temps, cercles de qualité, attention portée à l'amélioration permanente) nommé aussi « production maigre » en raison de son souci de ne pas trop dépenser (en espace, en machines, etc.) afin de n'investir que le « juste nécessaire ». Nombreux sont les ingénieurs chinois qui partent étudier, au Japon, le *nec plus ultra* de la gestion de la production ;

– il y a, enfin, l'ambition, signe d'une volonté de puissance mais, en réalité, signe d'une volonté de survie. Le *bushido* (code d'honneur des samouraïs) explique bien cette attitude : l'obligation ardente de se battre pour son honneur mais surtout pour survivre.

La leçon coréenne est celle de la solidarité nationale, de l'alliance de grandes entreprises privées avec la puissance publique. Les grands groupes *(chaebol)* sont la fierté de la nation, les champions nationaux, dans lesquels se reconnaissent les employés et les citoyens. Cette confiance en soi, qui confine à l'arrogance, s'appuie sur la totale loyauté des salariés.

Enfin, la leçon des Chinois d'outre-mer réside dans la capacité d'entreprises familiales de passer du stade de PME à celui de groupe important. Les seconde et troisième générations sont parties étudier aux États-Unis mais retournent dans l'entreprise familiale pour la faire bénéficier de cet acquis nouveau. Une autre leçon est celle de l'efficacité des réseaux qui permet un développement international à moindres risques.

La Chine a bénéficié de toutes ces leçons et était d'autant plus disposée à le faire qu'elle avait perdu ses repères à l'occasion des traumatismes répétés (l'humiliation occidentale, de 1840 à1949 ; la guerre civile, de 1911 à 1949 ; l'occupation japonaise de 1937 à 1945 ; le maoïsme et la Révolution culturelle de 1949 à 1978) qui ont mis en question la tradition chinoise. Celle-ci n'a pas disparu et donne cette étonnante confiance en soi que l'on rencontre chez tous les leaders.

Cependant, il leur est indispensable de construire des systèmes qui fonctionnent et il leur faut emprunter à l'étranger. L'enjeu est de prendre les techniques sans perdre son âme. Des firmes comme Haier ou Galanz (fours à micro-ondes) démontrent cette capacité, ce qui est méritoire car elles sont des sociétés publiques. L'État chinois veut en faire des vitrines et accepte de laisser de grandes marges d'autonomie à des patrons qui, certes, sont des membres éminents du PCC, mais qui entendent gérer leur entreprise à leur guise… c'est-à-dire en prenant du management occidental, japonais ou coréen ce qui leur semble utile.

Ce qui différencie la Chine du reste de l'Asie, c'est, encore, un sentiment d'abondance, d'ailleurs trompeuse (d'hommes, de matières premières, etc.) qui ne pousse pas les managers chinois à économiser autant que le ferait un manager japonais par exemple. Mais cela change avec l'ouverture du pays… et la pression sur les prix des matières premières mondiales qu'exerce la forte demande chinoise.

La vision que jettent les dirigeants indiens sur les autres pays d'Asie complète ce qui vient d'être dit.

Pour les dirigeants indiens, le Japon est un « capitalisme sans capitalistes », ce qui correspond assez bien à la réalité de capitaux sociaux très dilués, de la mainmise des technocrates et de l'absence de marchés financiers ouverts et dynamiques, ce qui permet aux firmes japonaises de développer des stratégies à long terme sans la dictature du *Quaterly Report*. Les employés ressentent un très fort sentiment d'appartenance et font preuve de loyauté, d'autant que l'emploi à vie et l'avancement à l'ancienneté garantissent la stabilité des carrières.

Ce qui frappe aussi les cadres indiens, c'est la capacité du Japon à réguler ses relations avec l'extérieur, objectif poursuivi également par l'Inde. Les véritables écluses que sont les *sogo shosha*, les grandes firmes d'import-export japonais qui, jusqu'à il y a encore peu de temps, monopolisaient les exportations et, surtout, les importations du pays, ont réussi à isoler relativement le Japon de la concurrence alors que le pays respectait, apparemment, les réductions des droits de douane et même les obstacles non tarifaires (normes, etc.).

Sur le plan du management, les Indiens admirent la capacité des dirigeants japonais à aller jusqu'aux causes profondes des problèmes. Ils voient bien l'efficacité du travail en équipe et l'autocontrôle (par les pairs) ainsi réalisé et qui permet aux supérieurs hiérarchiques de se concentrer sur les visions stratégiques. La délégation des tâches fonctionne bien et les chefs de service japonais (les *kacho*) bénéficient d'une réelle autorité *(empowerment)*. La recherche du consensus remplace la dictature de la majorité.

Pour les Indiens, si les Japonais sont entrés en crise depuis 1991, c'est, pour beaucoup, en raison d'un éloignement de ces processus. L'échec viendrait d'une tentative avortée de trop se rapprocher des modes managériaux occidentaux avec lesquels les Japonais ne seraient pas en phase.

La leçon, pour les Indiens, est donc retenue : il faut conserver, malgré les pressions de la mondialisation, son génie culturel propre. Hélas pour l'Inde, ce génie ne lui a pas encore permis d'émerger suffisamment.

Observant les firmes coréennes, les Indiens constatent un « style japonais », mais plus dynamique. L'autorité hiérarchique l'emporte sur le consensus, même si l'on observe une vraie déconcentration des opérations. Le paternalisme féodal reste fort et permet aux *chaebol* de résister à l'éclatement souhaité par les dirigeants politiques coréens et les firmes américaines.

Pourtant, la Corée du Sud a subi de grands chocs, brutaux et déséquilibrants : guerre de Corée, dictature militaire lourde, crise économique (celle de 1997) qui a tant puni la Corée (qui y a vu une sorte d'injustice incompréhensible). Ces chocs ont permis, mieux que la Révolution culturelle chinoise, d'entrer en rupture avec un confucianisme pesant, de s'ouvrir (enfin) à l'étranger et d'en adopter des comportements managériaux plus flexibles, plus adaptés aux nouvelles contraintes (globalisation, hautes technologies, etc.).

On le constate dans l'enthousiasme des jeunes générations de Coréens qui, à l'image de leurs collègues indiens, saisissent l'opportunité de modes plus individualistes. Ce que les Indiens voient dans la réussite de Singapour, c'est le mélange réussi de modes managériaux chinois et occidentaux, objectif qu'ils poursuivent également. En particulier, ce qui y est admiré, c'est l'efficacité des firmes publiques, parfois très puissantes, phénomène rare dans le monde. Ils notent aussi que Singapour assume le fait d'être une démocratie « limitée ».

Cette analyse, détaillée et donc complexe, de la façon dont les dirigeants d'Asie voient l'Occident et se jugent eux-mêmes, a mis en valeur une idée centrale : l'Occident a jeté les bases du système économique le plus performant. Il importe de le comprendre et de l'appliquer.

Cependant, parce qu'il était seul (donc universel, donc arrogant), l'Occident n'a pas réussi à conserver un certain nombre d'équilibres. Il a rompu l'harmonie de ses sociétés et, à l'intérieur de ses sociétés, de ses entreprises. Les qualités occidentales, si elles ne sont pas limitées, encadrées, virent en défauts : l'individualisme devient égoïsme, la concurrence tue les concurrents, les délocalisations (pourtant source de productivité) tuent l'emploi, la systématisation tue le sens de l'humain, l'hypercréativité rend obsolète ce qui est encore bon, etc.

L'apport asiatique serait donc, tout naturellement, d'introduire un frein à ces dérives, de compléter une organisation efficace mais qui tend vers ces ruptures. Le sens de l'humain, source d'harmonie, n'est pas étranger à l'Occident, loin de là. Celui-ci peut donc, sans risque de renoncement, accepter la leçon asiatique. Il lui faut pour cela fuir l'arrogance, accepter l'humilité des faits (les scientifiques du monde entier en ont montré la nécessité) et la relativité des choix.

Tout est en place pour la définition d'un management global qui se mettrait en place, au cours du XXIe siècle, à l'occasion du développement des *world companies*, des alliances, partenariats et *joint-ventures*, dans le cadre, irréversible, de la mondialisation.

Cette autre façon de vivre la mondialisation, que revendiquent, avec vigueur, les « altermondialistes » (qui ne sont donc plus des « antimondialistes), peut trouver une réponse adéquate, au sein des grandes entreprises mondiales, dans la conception d'un style de management nouveau, allant vers un management plus global.

5 Vers un management plus global

Toutes les analyses qui précèdent conduisent à la même interrogation : avec l'émergence de la civilisation asiatique, son entrée fracassante dans la modernité, il existe désormais une alternative, laïque et efficace, à la civilisation occidentale. Celle-ci a déjà perdu (du moins pour sa partie européenne) son ambition d'universalité. L'Amérique, elle-même, en raison du flux massif d'immigrants non occidentaux, s'adapte et tente d'organiser la coexistence pacifique, en son sein, de communautés pluriculturelles.

Comment cette évolution, totalement neuve dans l'histoire de l'humanité, n'aurait-elle pas d'effet décisif dans la manière dont les entreprises globales vont, de plus en plus, devoir gérer des marchés, mais surtout des hommes imprégnés de cultures si variées ?

Il est possible que cette question devienne la clé de la définition d'un nouveau paradigme, celui du management du XXIe siècle, qui doit nécessairement être aussi global que les hommes, les opérations, les marchés, les règles du jeu que gèrent les *world companies*.

Une deuxième question surgit immédiatement : quels sont les idées forces et les moyens que devront maîtriser les *global managers* afin d'optimiser les ressources réparties sur des « territoires civilisationnels » aussi différents que l'Occident et l'Asie ?

Ce chapitre va tenter de répondre à cette double interrogation. Les propositions qui seront faites sont, en partie, déjà appliquées par certaines entreprises, dans certains cas, dans certains départements mais rarement globalement. Pour l'instant, le management global reste un management interculturel, par lequel les dirigeants tentent d'obtenir des trêves, des compromis à l'intérieur de groupes de travail multiculturels rongés par le stress et d'incessants malentendus (qui, avec le temps, dégénèrent en conflits, larvés puis ouverts).

Ces « cessez-le-feu » ne sont pas suffisants pour engendrer de l'efficacité. L'objectif, il ne faut jamais l'oublier, est de créer de la valeur additionnelle, précisément par l'apport culturel nouveau du partenaire (allié, agent) étranger et par le défi de marchés divers, de comportements différents.

Le nouvel objectif est de trouver dans l'altérité un ingrédient d'efficacité, une incessante stimulation pour définir des modes opératoires créatifs. La rencontre des civilisations doit être, désormais, une zone de défis qui, relevés, contribuent à rendre l'entreprise plus proche des hommes (clients, fournisseurs, employés, managers), donc plus efficace.

Mieux encore, il s'agit d'améliorer encore davantage le management le plus avancé (l'occidental, à dominante anglo-saxonne) en incorporant des pratiques managériales fondées sur des valeurs asiatiques, avec l'espoir que cette fusion éliminerait les points négatifs du management occidental et le renforcerait positivement.

Parmi ces valeurs orientales, il faut mettre en exergue la capacité « naturelle » de travailler en équipe, mode opératoire désormais dominant.

Nous allons donner corps à cette introduction générale à travers trois étapes. Dans un premier temps, nous allons expliquer les raisons qui incitent les entreprises globales à jeter des ponts entre les deux civilisations ; dans un deuxième temps, nous analyserons les conditions de cette fusion annoncée et, enfin, nous présenterons les moyens les plus adaptés pour y parvenir.

S'agissant d'un processus en cours, encore à ses débuts, nous avancerons des idées novatrices, parfois à contre-courant de ce qui est admis (et enseigné) dans le domaine du management interculturel. De nombreuses données sont issues des travaux menés actuellement par les auteurs et du cours dispensé au sein du Shanghai International MBA (SIMBA) de l'université de Tongji. Ce cours est intitulé *« Business and the Meeting of Western and Eastern civilisations »* (« Le monde des affaires et la rencontre des civilisations occidentale et asiatique »). Les travaux pratiques, menés avec des étudiants chinois qui sont, en même temps, employés à des postes de management dans des *joint-ventures* occidentalo-chinoises, ont permis de dégager des idées fortes qui sont, pour la première fois, présentées au public.

Par ailleurs, les auteurs ont interrogé des grands patrons occidentaux et asiatiques (chinois et français pour l'essentiel mais pas seulement). Les premiers résultats de ces investigations sont également proposés.

Le management n'est pas une science exacte mais une science humaine, qui s'appuie sur d'incessantes expérimentations. Aucun livre de management ne doit être lu comme une bible mais comme le reflet, argumenté et étayé, d'expériences spécifiques, menées par des aventuriers (les grands managers) qui, eux-mêmes, testent, avec leur intuition et leur jugement, des pratiques qui sont, ensuite, et seulement après quelques années, présentées comme guides d'action. Ce chapitre est une exploration menée avec un véritable souci scientifique qui, comme les auteurs l'expliquent à leurs étudiants, va de pair avec une nécessaire humilité.

La rencontre des civilisations au sein des entreprises mondiales

Pour prospérer, les entreprises ont un intense besoin de paix et de sécurité. C'est naturellement encore plus vrai des entreprises mondiales qui doivent investir à long terme hors de leur pays. Et c'est encore plus dramatiquement nécessaire pour l'entreprise globale en raison de l'éclatement des différentes fonctions de l'entreprise sur plusieurs pays, voire plusieurs continents. L'entreprise globale fait, en permanence, le pari de la paix mondiale, faute de quoi elle se trouve en danger.

Ce risque est, en même temps, une chance pour la paix puisque les dirigeants des grands groupes mondiaux ne manquent pas d'influence sur leurs gouvernants politiques. Souvenons-nous de l'incident aérien qui mit aux prises, en 2001, les États-Unis et la Chine. Un avion militaire américain fut forcé d'atterrir sur l'île de Hai-Nan et la diplomatie s'enflamma au point que George W. Bush fit un commentaire musclé sur « l'ennemi chinois ». Ce fut la seule fois où il employa ce terme. Les grands dirigeants économiques américains lui firent rapidement remarquer que le marché chinois était totalement stratégique et qu'une tension entre les deux pays ne servirait que leurs concurrents européens et japonais.

De même, l'implication des grandes firmes taiwanaises en Chine continentale, où elles trouvent leur avenir, n'est pas pour rien dans la mise en sourdine des proclamations d'indépendance de l'île. Cette observation nous rappelle ce qui fut l'essence de la construction européenne : en imbriquant les économies, par leurs entreprises, les créateurs de l'Europe pensaient, à juste titre, rendre la guerre impossible puisque suicidaire.

Dans ce contexte de paix nécessaire, les entreprises globales vont se développer et se multiplier. Leur épanouissement conduit à reconsidérer plusieurs paramètres fondamentaux qui les caractérisent et qu'il nous faut examiner d'abord.

En même temps, la mondialisation suscite l'apparition de dirigeants d'un type nouveau, ceux qu'on appelle des *global managers*, mercenaires modernes, chargés de gérer cet ensemble éminemment complexe qu'est une *global corporation*. Il nous faut mieux comprendre leur vision et leurs comportements.

La global corporation

On a vu, au chapitre 3, ce qui distingue l'entreprise globale de l'entreprise multinationalc.

L'entreprise globale est éclatée, ses différentes fonctions pouvant être soit délocalisées à l'étranger, soit externalisées (les sous-traitants pouvant, à leur tour, délocaliser leur activité à l'étranger).

Trois questions se posent aux dirigeants de ces entreprises : celle de leur identité culturelle, celle de leur logique d'entreprise, celle enfin du système de management.

Il devient de plus en plus difficile d'identifier la nationalité de l'entreprise globale. Le siège demeure, souvent, dans le pays d'origine mais il est parfois situé dans des paradis fiscaux. Le conseil d'administration comprend une majorité de nationaux mais, de plus en plus, des étrangers sont invités à apporter leur éclairage culturel : les conseils se dirigent vers une multinationalisation, gage d'efficacité.

Nous avons voulu tenter de mieux cerner ce qu'était, vraiment, une entreprise globale en interrogeant des dirigeants à partir de critères objectifs : taille (chiffre d'affaires, nombre d'employés), couverture géographique (nombre de pays, de continents), couverture commerciale (part de clientèle non nationale), notoriété de la marque, dispersion des fonctions et centralisation des contrôles, composition du conseil d'administration, du comité exécutif, des directions opérationnelles.

Le résultat a été décevant : il n'y aurait pas de critères objectifs. C'est, en fin de compte, ce que pense le président et la façon dont il se situe par rapport au monde, qui sont décisifs. De sa vision globale dépendront une stratégie qui ne privilégie pas le marché domestique, un choix des dirigeants qui n'exclut pas les étrangers mais, au contraire, recherche la diversité des origines, une propension à considérer le monde entier comme un territoire unifié (même si la réalité est différente).

En fait, les firmes les plus globales au monde sont restées entièrement « typées » : les firmes géantes de commerce international (Sogo Shosha au Japon, General Trading Companies en Corée du Sud et China Corp. en Chine) sont l'exemple le plus achevé de ce qu'on pense être une firme globale. Ces énormes firmes (certaines dépassent 100 milliards de dollars de volume d'affaires annuel) gèrent, en effet, tous les produits du monde, sont présentes sur tous les marchés du monde, et prennent toutes les positions imaginables (achat, vente, troc, investissement commercial et industriel, transfert de technologies, etc.). Bien plus, une bonne partie (un tiers) de leurs activités ne concerne pas le pays d'origine (Japon ou Corée du Sud) et donc représente des transactions « a-nationales ».

Pourtant, ces firmes totalement globales sont typiquement japonaises (Mitsubishi Corp, Mitsui Corp, Sumitomo Corp, Marubeni, Itochu, etc.), coréennes (LG Corp, Hyundai Corp, Samsung Corp, etc.) ou chinoises (SP Corp, CNPC, Sinopec, CNOOC, Sinochem Corp, COFCO, etc.).

Malgré ces difficultés à cerner l'entreprise globale, certains traits distinctifs se font jour et paraissent déterminants.

Le premier trait est le comportement managérial qui tend à rendre l'entreprise aussi peu dépendante que possible du lieu d'origine et de son quartier général : couverture à terme pour se rendre indépendant de la valeur de sa monnaie, achats à terme pour l'énergie et les matières premières, multiplication des lieux de production et de stockage à l'étranger, en partie afin de se mettre à l'abri des lois locales ou des conflits sociaux.

Le second trait qui découle du premier est le fantasme de l'entreprise virtuelle : ne conserver que le cœur du cœur de métier (recherche et développement, conception, design, marque, distribution, promotion) et externaliser le plus possible (et, si possible, toutes) les usines (le rêve d'Alcatel, par exemple). Ce fantasme, bien représenté par Nike, conduit à oublier que la production reste un lieu de création de richesses et une condition d'efficacité de l'amont (la recherche, la conception, le design se doivent d'être près des lignes de production) et de l'aval (adaptation rapide à une demande en perpétuel changement). L'autre danger est celui du « piège de la globalisation » [1], piège que l'Occident se tend à lui-même et qui réalise la prédiction de Lénine (les capitalistes tressent la corde avec laquelle ils

1. Voir Daniel HABER et Jean MANDELBAUM, *La Victoire de la Chine. L'Occident piégé par la mondialisation*, éd. Descartes, 2001.

seront pendus) : en transférant dans un pays étranger (en l'occurrence souvent la Chine et l'Inde) toutes les fonctions de l'entreprise, il est illusoire d'imaginer que le pays d'accueil acceptera, pour toujours, d'être un sous-traitant passif et qui ne recueille qu'une portion infime de la valeur ajoutée. Contrôlant usines et laboratoires, il saura, un jour ou l'autre, maîtriser l'aval et l'amont. Les exemples de Haier (dans l'électroménager), de TCL (dans les téléviseurs) ou de Lenovo (les PC) témoignent de ce processus. Demain, ces marques seront connues mondialement car, nourries par l'immense marché intérieur chinois, elles ont la capacité financière de réaliser des investissements significatifs dans la marque, la distribution et la publicité.

Enfin, au bout de ce processus, on constate que la patrie ne fait plus sens pour l'entreprise globale. S'y substitue le concept de patrie culturelle, notion abstraite qui recouvre plusieurs cultures nationales. Ce multiculturalisme permet à l'entreprise de devenir un lieu de rencontre et d'intégration de cultures différentes et d'en tirer un bénéfice de compétitivité, notamment par la circulation des meilleures pratiques d'une culture à l'autre.

Par ailleurs, la véritable culture est celle qui est propre à l'entreprise. Carlos Ghosn l'a bien vu lorsqu'il a entrepris le redressement de Nissan. C'est la culture Nissan qui était en cause, pas la culture japonaise (puisque Toyota, tout aussi japonais, continue de dominer la scène automobile mondiale). De même, lorsqu'il s'agira d'accélérer les synergies entre Renault et Nissan, ce seront les cultures d'entreprises et les cultures « métier » qui apparaîtront comme l'obstacle à franchir bien plus que les soi-disant différences culturelles entre la France et le Japon.

Cette culture d'entreprise, l'entreprise globale doit à tout prix la développer et l'affermir pour éviter une désintégration totale de l'entreprise. En effet, l'éclatement physique des fonctions de l'entreprise, notamment à travers les délocalisations, lui fait perdre son statut de lieu privilégié du lien social. Les employés deviennent des prestataires de service, les cadres et dirigeants se transforment en mercenaires. La promotion des dirigeants privilégie la jeunesse et la technicité, aux dépens de l'expérience. Il en résulte une perte des savoirs au sein de l'entreprise, la transmission entre générations (magnifiquement assurée, par exemple, au Japon, grâce à la pratique, par ailleurs contestée, de la promotion à l'ancienneté) ne se faisant plus.

Une culture d'entreprise forte permet de conserver un minimum de lien social, autour de la marque et de l'image de l'entreprise que les employés peuvent s'approprier (les « Renault », les « IBM », les « Sony », etc.).

À l'intérieur de la culture d'entreprise, on peut également distinguer les cultures métier (les administratifs, les commerciaux, les chercheurs, les informaticiens, etc.) qui ont l'avantage de former de véritables confréries mondiales facilitant les rapprochements d'entreprises par des synergies métier où l'on se comprend presque sans se parler car on utilise les mêmes signes, les mêmes codes et les mêmes repères.

Au croisement de l'entreprise multiculturelle et de l'affirmation de la culture d'entreprise, on retrouve les entreprises globales d'aujourd'hui : Michelin, Sony, Toyota, Alcatel, IBM, Saint-Gobain, L'Oréal, AIG, WalMart, Nike et beaucoup d'autres.

Il souffle dans les sièges de ces entreprises un esprit a-national, renforcé par la présence des cadres du monde entier, ces *global managers* qui sont en charge des *global corporations* et qui leur impriment leur vision.

La logique d'entreprise est également remise en cause par les entreprises globales. Le *global manager*, que nous étudierons plus loin, doit arbitrer entre deux logiques qui s'opposent et qui forment le cadre général de pensée, le contexte du management du XXIe siècle.

La première logique est celle des actionnaires *(shareholders logic)* qui domine dans le capitalisme anglo-saxon. Caricaturée, cette logique conduit à voir dans les veuves américaines de Floride (investisseurs importants dans les fonds de pensions qui collectent une grande partie de l'épargne américaine) les responsables directs du chômage, américain et européen, puisque la logique de ces fonds est la maximisation permanente des profits, celle-ci conduisant à fermer des usines, à licencier, à délocaliser, etc. Au-delà de la caricature, cette logique s'impose parce qu'elle est efficace, rationnelle, cohérente : elle est, au fond, l'essence même du capitalisme. C'est bien pourquoi les critiques du capitalisme, de toutes sortes, visent cette logique implacable, sans âme et qui donne au capitalisme le visage inhumain que lui dessinent ses détracteurs.

Que lui opposer ? Pour les marxistes, la réponse était simple, voire simpliste : transférer la propriété des entreprises à l'État, représentant et garant des intérêts des citoyens. La sanction a été claire et universelle : les nationalisations conduisent à l'échec. Les *state-owned entreprises (SOE)* chinoises en sont, aujourd'hui, la plus parfaite illustration. À l'exception des entreprises dites de « service public », qui font débat (et un débat passionnant et crucial), la remise au privé est la norme, d'où l'extension de la logique des actionnaires.

Cependant, une troisième voie a été ouverte en Occident, celle de la logique des « parties prenantes » *(stakeholders logic)*. Elle est assise sur l'idée que l'entreprise, par son impact, concerne directement les intérêts de beaucoup d'autres parties que les seuls actionnaires : le management, le personnel, les clients, les fournisseurs, l'État, les collectivités locales, l'école, etc.

Une expression, déclinante mais encore actuelle, en est trouvée dans les entreprises allemandes appliquant la cogestion. Ce modèle allemand, en grande difficulté, démontre la faiblesse de cette logique. Pourtant, en Europe au moins, on voit bien que l'intérêt des grandes entreprises passe par une prise en compte (écoute et intégration de leurs intérêts) des syndicats, des villes ou régions où elles sont implantées, des grandes écoles et universités qui leur fournissent des cadres de qualité, des groupements de consommateurs. Même les fournisseurs doivent être gérés dans une perspective de coopération. La grande distribution, par exemple, qui dispose d'une puissance de négociation grandissante, trouve malgré cela, utile d'organiser des relations étroites, dépassionnées, avec ses industriels fournisseurs, pris individuellement ou collectivement (voir, par exemple, les relations organisées, en France, entre industriels et distributeurs, encouragées, c'est peu dire, par le gouvernement).

Aux États-Unis mêmes, la pratique des *stock-options* est une manière d'associer le *top management* à l'entreprise… mais, c'est vrai, en transformant ses membres en actionnaires potentiels. Aux États-Unis toujours, les grandes entreprises tentent de se montrer bonnes citoyennes en assurant leurs responsabilités locales de mille façons, par exemple *via* le financement d'infrastructures collectives.

En Occident, cette logique est toutefois marginalisée, même si elle reste un élément de contexte que beaucoup de grands patrons intègrent dans leur vision.

L'émergence de l'Asie a cependant donné une seconde jeunesse à cette logique.

Le capitalisme japonais, pour commencer par lui, est un capitalisme féodal qui intègre de nombreux intérêts autres que ceux des actionnaires (la situation de la Bourse de Tokyo démontre bien la faiblesse de l'actionnariat). Les grands groupes *(keiretsu)* nippons sont dans les mains de la technostructure et les actionnaires privés ne détiennent qu'une part minime du capital. Celui-ci est aux mains des entreprises du *keiretsu* par la voie des participations croisées (en France, un regard sur les conseils d'administration des firmes du CAC 40 montrerait que ce schéma, dit d'autocontrôle, ne nous est pas tout à fait étranger). Les cadres et employés gèrent l'entreprise au nom de l'intérêt de l'entreprise et, même, au nom de l'intérêt général. L'État, s'il est désormais en retrait au Japon, conserve son entière capacité d'influence, d'orientation, d'infléchissement et également de création d'industries nouvelles. Le METI [2], même s'il n'a plus la puissance autoritaire du MITI ancien, reste une partie prenante non négligeable dans la stratégie des *keiretsu*. Le sauvetage des banques a, par ailleurs, réduit le maillage des *keiretsu* mais introduit un poids nouveau de l'État par des quasi-nationalisations, inévitables.

Un schéma identique pourrait être trouvé en Corée du Sud.

Mais c'est, encore une fois, l'émergence de la puissance chinoise qui donne à la logique des parties prenantes une actualité et une légitimité nouvelles. Lorsque Deng Xiaoping lance l'expérience de l'économie de marché, l'économie chinoise s'appuie sur des firmes d'État (SOE) qui, sur le plan de la gestion, sont baptisées *danwei*, unités de travail, lieux de rencontre de l'intérêt général (représenté par l'État) et des intérêts particuliers : ceux des employés, des clients (d'autres firmes d'État), des fournisseurs (encore des entreprises d'État) ainsi que des provinces, districts et municipalités.

La modernisation de la Chine passe par deux évolutions : la réforme des SOE et des *joint-ventures*. Dans les deux cas, le concept de *danwei* perdure, essentiellement parce que la solidarité des parties prenantes reste un ciment nécessaire à un régime dans lequel le PC a le monopole du pouvoir, politique et économique. Il perdurera notamment aussi longtemps que les employés ne trouveront que dans le *danwei* toutes les sécurités (emploi, maladie, chômage, retraite) qui se traduisaient par l'expression de « bol de riz en fer » *(tie fan wan)*. Lorsque l'État chinois aura mis en place des systèmes nationaux de sécurité, l'entreprise pourra évoluer et se comporter comme en Occident, c'est-à-dire rechercher l'optimum (ou le maximum) de profitabilité, en ayant recours, s'il le faut, au licenciement.

Nous n'en sommes pas là et c'est tout le problème de la réforme des SOE, qui est suspendue à cette réorganisation sociale. Pendant ce temps, les SOE, même devenues sociétés par actions, même cotées en Bourse, restent dans la logique des parties prenantes. Les *joint-ventures*

2. METI : Ministry of Economy, International Trade and Industry.
MITI : Ministry of International Trade and Industry.

avec les étrangers étant le fait de SOE, la même contrainte s'y retrouve.

Ainsi l'Asie moderne véhicule-t-elle une logique d'entreprise qui reste éloignée de celle du capitalisme d'actionnaires.

Comme les évolutions seront lentes (car tous ces systèmes sont ancrés dans une longue tradition et reposent sur les valeurs asiatiques), le management des firmes globales, présentes en Occident et en Asie, devra trouver un compromis entre ces deux logiques. Les *joint-ventures* sont le lieu d'expression de ce compromis ou bien le lieu des conflits... quand le compromis laisse le pas au choc des cultures, comme c'est, hélas, le cas le plus fréquent. La section suivante fournira une méthodologie pour passer, le plus vite possible, du conflit *(storming)* au compromis *(norming)*.

Au cours des négociations entre Occidentaux et Asiatiques vers le compromis, surgit une question un peu naïve : l'entreprise peut-elle être un lieu d'exercice de la démocratie ? C'est ce qu'imaginent les Asiatiques qui croient voir la règle de la majorité, un des piliers de l'exercice démocratique, s'imposer dans les réunions de groupes de travail, les comités exécutifs, les conseils d'administration. Expliquer que, dans nos démocraties, l'entreprise, lieu majeur de réalisation du lien social, n'est pas véritablement gérée de façon démocratique, surprend ceux qui n'ont pas compris que l'entreprise était un espace social spécifique qui s'apparente davantage à un gouvernement autoritaire qu'à un gouvernement libéral.

Il est clair que c'est dans le capitalisme anglo-saxon que l'autorité absolue du conseil d'administration, surveillé par une assemblée générale qui exige la transparence, s'exerce le plus lourdement. Le CEO est l'exécuteur d'une politique qui lui est imposée et il prend le risque d'un limogeage *ad nutum* si sa stratégie n'est pas conforme à cette politique. Du coup, le CEO n'a pas de marge pour laisser d'éventuelles parties prenantes autres que son conseil avoir une quelconque influence sur cette stratégie.

En revanche, dans notre « Europe de la troisième voie », la gestion des entreprises laisse un peu de place à certaines parties prenantes (les syndicats notamment). De plus, l'étendue du secteur public qui n'a pas disparu, loin de là (la réflexion sur le concept de service d'intérêt général fait partie de l'exception européenne), permet au consommateur et à l'intérêt général (représenté par l'État) de trouver une place non négligeable. En Europe et en Asie, sans doute dans certaines entreprises américaines hors normes, on trouve des traces de gestion démocratique qui s'expriment au travers du style de management.

Le style de management de l'entreprise globale du XXIe siècle est évidemment lié à l'éclatement physique des fonctions de l'entreprise et à la dispersion géographique de ces fonctions et des marchés. En un mot, l'entreprise globale est un lieu d'éminente complexité au sens holistique du terme : chaque élément réagit à tous les autres pour former un processus autorégulé qui maintient un équilibre, instable mais gérable par des managers éclairés.

Pour gérer cette complexité, une nouvelle organisation matricielle (produits-marchés) émerge au profit des unités mondiales d'affaires *(worldwide business units)* qui, autour de la maîtrise d'un produit (ou d'une ligne de produits), gèrent des marchés considérés comme des « ensembles culturels différenciés ». Cette gestion par le produit permet d'arbitrer au mieux les exigences de différenciation imposées par ces marchés culturellement distincts. Elle autorise une plus grande réactivité tout en maintenant une cohérence par les coûts et l'affectation des ressources. Elle permet également la circulation des meilleures pratiques, qui apparaît comme un élément clé des entreprises du XXIe siècle.

Parallèlement à ces *business units*, émergent les grandes fonctions globales (recherche et développement, design, fabrication, achats, systèmes d'information, gestion des ressources humaines, contrôle de gestion). À partir de cette nouvelle réalité, deux orientations de gestion s'imposent aux firmes globales.

La première est d'adapter les organisations aux hommes plutôt que l'inverse. La ressource humaine, très qualifiée mais aussi très typée culturellement, ne se laisse plus enfermer dans des cases organisationnelles. Une fonction nouvelle, l'OD *(Organization Development),* fournit le cadre d'un aménagement permanent des organigrammes qui perdent une partie de leur pertinence.

La seconde, très liée à la première, est le fonctionnement par équipes *(teams)*. Le *teamwork* est essentiel pour que la complexité moderne, qui associe des expertises très spécifiques, très fortes mais qui ont besoin d'être croisées pour créer de la valeur, puisse être correctement gérée. Pensons, par exemple, aux croisements « R&D-Marketing » ou « Achats-Systèmes d'information ».

Pour être efficaces, les équipes doivent être transversales, c'est-à-dire traverser les fonctions de l'entreprise autour de l'idée de projet qui est le cœur du processus de création et de développement dans l'entreprise. Carlos Ghosn insiste beaucoup, dans sa pratique, sur la mise sur pied de *cross-functional teams* pour décloisonner l'entreprise, la faire évoluer et progresser. La verticalité imposée par les *business units* et les grandes fonctions globales est, ainsi, tempérée par l'horizontalité des équipes transverses.

Ces équipes transverses des entreprises globales sont, par nature, pluriculturelles et exigent d'être pilotées par des managers eux-mêmes pluriculturels, des « managers globaux », des « citoyens du monde ».

Le manager global

Le manager global du XXIe siècle est le produit nécessaire de l'évolution de l'entreprise globale depuis vingt ans.

Il a fallu trouver, ou former, des cadres capables d'emmener l'entreprise sur des marchés de plus en plus lointains, donc de plus en plus culturellement différents. La mythologie de l'expatrié est né de ce processus. Ce mythe n'a pas toujours trouvé une réalité à la hauteur des attentes, les échecs d'expatriation étant nombreux, faute de l'identification correcte de ce qui fonde un *global manager* et faute d'une préparation appropriée. Des cadres locaux, issus de la culture locale mais ayant établi des ponts avec la culture du siège social (par ses études, la langue, le mariage), se sont substitués parfois à l'expatrié qui a, dès lors, perdu son « aura » (parce que substituable). Par ailleurs, des professionnels de l'expatriation sont apparus, sortes de mercenaires globaux, formés à plusieurs sources culturelles mais dans les meilleurs lieux de formation (les MBA à caractère international).

Très vite, les sièges ont vu revenir des expatriés qui, non seulement cherchaient à retrouver une place, mais qui prétendaient être plus capables de gérer une firme globale en raison même de leur expérience d'expatriation. Les responsables des entreprises globales ont même cristallisé cette demande en obligeant tout candidat à de hautes fonctions du siège à faire la preuve d'une expérience à l'étranger, longue et réussie.

Le manager global correspond aujourd'hui à une nécessité. Son profil est devenu plus précis. Sa formation (externe et interne) est mieux calibrée. Quelles en sont les composantes majeures ?

❑ *Une vision globale*

La première qualité exigée d'un manager global est d'avoir une vision globale.

Son territoire est le monde, ses ressources proviennent de toutes les parties du globe, ses marchés sont sur toute la Terre : sa vision doit être en cohérence, donc globale.

Ce n'est pas simple. Chaque personne tend à considérer que l'endroit où il est né, où il s'est formé, où il a sa famille et où il travaille, est le centre du monde. Cette perception nombriliste est confortée par l'éducation qui met en avant le pays face aux autres. Le reste du monde est étranger et se distribue autour du pays centre. Changer cette perception, naturelle et inculquée, demande un gros effort. L'idéal est de vivre en de multiples points du monde pour, après avoir cru que chaque point où l'on vivait était le centre du monde, dégager de cette expérience multiple le sentiment de la relativité du centre. Il y a des centres et ces centres coexistent.

Le planisphère accroché au mur, quel qu'il soit, ne représente qu'une seule vision. La sphère, installée sur un axe, et constamment tournée, est une bonne représentation de la vision globale qu'il faut créer dans son esprit pour se dégager de l'ethnocentrisme qui nous est naturel.

Cet effort de relativisme géographique doit être complété par un effort de relativisme historique. L'histoire n'est pas seulement celle de notre pays, mais aussi celle des autres pays qui, parfois dans l'ignorance mutuelle, parfois dans le choc de la guerre, ont évolué en même temps. Il peut être intéressant, c'est un exemple parmi d'autres, de lire l'histoire des croisades vue par les Arabes [3] pour comprendre ce nécessaire relativisme.

Plus important encore est l'effort de compréhension du relativisme culturel. Chaque culture a sa façon de penser, d'expliquer, de gérer les choses, et ce dans le même temps. L'ignorance née de l'éloignement fait la place au choc quand le rapprochement (missionnaires, commerçants ou soldats) est rapide, voire brutal. C'est tout le fondement des travaux de Samuel Huntington sur le « choc des civilisations ».

Le manager global est celui qui a une culture forgée à partir de plusieurs leçons, géographiques et historiques, et, surtout, qui a pratiqué le management dans différentes « aires culturelles ». Il a, dans son esprit, assimilé ce relativisme et peut donc échapper à l'arrogance culturelle, piège permanent des dirigeants d'entreprises globales.

3. Amin MAALOUF, *Les Croisades vues par les Arabes*, Éd. J'ai lu, septembre 2000.

Ronnie Chan, le président de Hang Lung Corp, grande société immobilière de Hong Kong, cotée en Bourse, parle de « capacité culturelle ». Pour lui, un manager global est celui qui a la capacité de « relier les cultures » entre elles, d'établir des ponts de compréhension. Il doit être porteur conscient de sa propre culture dont il se doit d'être fier. Ainsi, de la pensée asiatique, Ronnie Chan pense qu'elle est plus capable que l'occidentale d'exprimer des émotions par la grâce des idéogrammes qui créent des images concrètes dans la vision du lecteur. L'esthétique, et le flou, des idéogrammes sont des atouts de communication car créant des sentiments positifs et permettant à chacun de trouver sa place, en évitant d'inutiles, et dangereuses, confrontations.

Pour David Li Kwo Po (CEO de la Bank of East Asia, à Hong Kong), le manager global est un diplomate qui cherche à concilier des cultures opposées, et également un psychologue capable de discerner le cœur des humains, à travers l'écorce de leur culture.

Carlos Ghosn, qui se déclare « citoyen du monde », propose d'aller au-delà des cultures qui ont une composante nationale (voire nationaliste) trop marquée pour s'attacher à la culture d'entreprise. Ayant accumulé des expériences de vie et de gestion sur plusieurs continents (Amérique du Nord et Amérique du Sud, Europe, Asie), il préfère s'intéresser à la culture de chaque entreprise. Son présupposé est que les cultures nationales ne sont pas communicables et qu'elles portent en elles le danger du stéréotype. Il ne connaît pas les Japonais (mais les dirigeants de Nissan), les Français (mais les dirigeants de Renault), les Américains (mais les dirigeants américains de Michelin USA). Cette conception permet de gérer des entreprises multiculturelles en recherchant, dans les cultures de chaque composante, des communautés de pensée et d'attitudes qui permettent l'établissement de « ponts ». Il va même plus loin, en descendant jusqu'à la « culture métier », car celle-ci permet de connecter les dirigeants de façon plus sûre, plus rapide, plus facile, plus durable.

❑ *Une capacité à relier*

La seconde composante du manager global est ainsi sa capacité à relier. Celle-ci repose, en premier lieu, sur une expérience approfondie de management au sein d'entreprises globales différentes, puis sur une capacité à transférer les expériences d'une entreprise à l'autre. L'expérience acquise au sein d'une entreprise globale est transposée, au gré de la carrière du *global manager*, à d'autres entreprises globales.

Nous proposons de prendre l'exemple de Carlos Ghosn, d'abord parce qu'il est, lui-même, au confluent de plusieurs cultures (libanaise, brésilienne, américaine et française) et parce qu'il a accumulé une expérience, multiple et complexe, au sein d'entreprises globales différentes (Michelin, Renault, Nissan) situées dans des « aires culturelles » différentes (américaine, française, japonaise).

Carlos Ghosn, alors président de Michelin Brésil se voit confier la direction de Michelin USA qu'il va redresser de main de maître. Michelin est une véritable firme globale caractérisée, malgré tout, par la culture « rurale-conservatrice » du siège auvergnat.

Cette culture d'entreprise est faite de simplicité et de discrétion. Le travail en équipes est encouragé et l'individualisme n'y est pas une valeur positive. L'organisation est plutôt informelle (ce qui est facilité par la présence d'un patron familial et légitime) et la hiérarchie peu prégnante. Les discussions ne s'éternisent pas, l'action est privilégiée. D'une certaine manière, on retrouve ici une culture proche de l'entreprise familiale des Chinois d'outre-mer (du type Hang Lung ou East Asia Bank, cités plus haut). Cette culture Michelin fait apparemment bon ménage avec le capitalisme américain fondé sur l'action, la flexibilité et la simplicité des relations humaines.

Lorsque Carlos Ghosn est appelé chez Renault pour redreser une situation préoccupante, il rencontre une entreprise à l'opposé de Michelin : une entreprise d'État, fière (surtout sur le plan technique), centralisée et hiérarchisée. Dirigée, en partie, par des « ex-grands serviteurs de l'État », elle prend en compte des « parties prenantes », notamment les syndicats. L'entreprise est innovante et passionnée mais elle n'a pas la culture des coûts d'un Michelin. Il existe des féodaux, exigeants et charismatiques, dont on obéit aux décisions… qui ne sont pas, hélas, toujours bien exécutées. Les réticences et objections, qui n'ont pas pu être formulées au cours du processus de décision, s'expriment dans les freins mis à la bonne exécution. Dans tous ces points, elle ressemble assez à une SOE chinoise, certes parmi les plus efficaces et avancées technologiquement, mais avec une culture sociale non capitaliste. L'apport décisif de Carlos Ghosn est de conserver les points forts, nombreux, de la culture Renault et d'y ajouter les points forts de la culture Michelin, notamment la conscience des coûts et l'esprit d'équipe.

Lorsque Louis Schweitzer prend le contrôle de Nissan, il y met une condition : que Carlos Ghosn accepte la charge de redresser l'entreprise. Carlos Ghosn, chez Nissan, trouve une culture très japonaise ; une technostructure arrogante qui empêche le développement d'une culture « maison » forte (comme chez Toyota), des systèmes bureaucratiques (emploi à vie, promotion à l'ancienneté), l'accent mis sur l'excellence de la production (de fait, Nissan, même au bord de la faillite, possède les usines les plus productives du monde), mais une considération insuffisante pour les autres éléments qui façonnent le succès : la conception des modèles attendus par le marché, la réactivité à la demande, des achats coûteux (Nissan est le propriétaire des équipementiers qui le fournissent), du système d'information géré en sous-traitance (à IBM) et qui « ne colle pas » aux besoins spécifiques de l'entreprise. L'harmonie qui y règne est trompeuse : elle masque la faillite qui approche.

L'homme qui pourrait empêcher le désastre, le président Hanawa, est totalement conscient des faiblesses existantes et des mesures à prendre. Seulement, il est japonais, c'est-à-dire respectueux de ses cadres à qui il a délégué la gestion (il ne gère que « l'harmonie globale ») et surtout incapable de procéder aux actes « inhumains » que sont la fermeture d'usines et les licenciements. Ce travail « inhumain », il le confiera à un étranger, un *gaijin* supposé froid et sans sentiments, un Occidental raisonnable qui ne verra pas, dans les employés licenciés, des « membres de sa famille ».

En trois ans, le *Nissan Revival Plan* permet à Nissan de recouvrer une santé financière, fondée sur l'expertise de Carlos Ghosn notamment en *cost killing*. Le stade suivant, en cours, est de mettre toutes les fonctions de l'entreprise aux meilleures normes mondiales. Nissan est désormais « créateur d'automobiles » (c'est le slogan Renault) autant que manufacturier productif.

Tout ne fut pas facile. En particulier, le problème fut immédiatement posé de la place dans l'entreprise des dirigeants mêmes qui l'avaient conduite vers le gouffre. La tentation était grande de faire place nette et de promouvoir les jeunes. Mais Carlos Ghosn déclara d'entrée de jeu qu'il « était irréaliste de vouloir changer brutalement la culture de Nissan » et qu'il était contre-productif de « plaquer un système sur un autre système ». Ses instructions aux cadres expatriés de Renault qui l'avaient suivi au Japon étaient qu'ils ne se considèrent surtout pas comme des « missionnaires », qu'ils n'avaient évidemment pas comme objectif de « changer le Japon », mais simplement de redresser Nissan. Pour Carlos Ghosn, il appartenait aux hommes de Renault de s'intégrer à la culture japonaise ainsi qu'à celle de Nissan.

En réalité, le succès fut assuré grâce à des « ponts culturels » jetés entre la culture occidentale, rationnelle et logique et la culture japonaise plus « émotive », les deux cultures devant, ensemble, atteindre des objectifs précis et refonder (c'est-à-dire réorganiser) l'entreprise.

On voit bien, par cet exemple, que l'une des composantes majeures du *global manager* est bien sa capacité à changer le style de management de l'entreprise en générant une nouvelle culture d'entreprise. Celle-ci sera un *mix* de la culture ancienne, sur laquelle il doit s'appuyer, et des savoir-faire spécifiques engrangés dans les cultures d'entreprises performantes qu'il a connues et gérées précédemment. Lorsque Ronnie Chan définit l'homme de l'international comme ayant une forte « capacité culturelle », il signifie une capacité à relier les deux grandes cultures, occidentale et chinoise (pour lui, la culture chinoise est la culture asiatique). Pour Ronnie Chan, comme pour Carlos Ghosn, le *global manager* a une double capacité : la première, très personnelle, implique de pouvoir « penser comme l'autre ». L'expérience, l'éducation, la recherche personnelle permettent de vivre à l'aise dans d'autres cultures, d'en parler la langue et même, c'est une boutade significative, de « rêver dans la langue de l'autre ». La seconde capacité est plus technique. Il s'agit d'accumuler un large savoir sur l'autre culture, son histoire, ses traditions, sa littérature et son art, sa religion, son système politique et économique. De plus, il faut rester constamment informé de l'actualité, lire les journaux locaux, regarder la télévision locale.

En somme, de ce qui était un redoutable obstacle, la culture, cet Himalaya infranchissable, il est possible de faire un atout important. En réalité, on le verra plus loin, il est tout à fait possible de gérer des situations en milieu polyculturel sans nécessairement se plonger dans l'autre culture. Mais, naturellement, si on fait cet effort, coûteux en temps, on dominera le sujet, ce qui est précieux pour un manager global de haut niveau.

❑ *Une capacité au* leadership *transculturel*

Ce qui apparaît enfin comme la troisième composante du *global manager* est son comportement. Au-delà de sa formation (le diplôme, si important chez nous) et des savoirs techniques accumulés, ce qui qualifie le manager comme un « excellent *global manager* » est un ensemble d'attitudes que l'on peut ranger sous le vocable synthétique de *leadership*. Cette qualité doit être, au sein d'une firme globale, une capacité au *leadership* transculturel.

Si l'on analyse ce que contient ce terme, on trouve un ensemble de qualités humaines, qu'elles soient personnelles ou relationnelles.

Les qualités personnelles sont liées à la capacité d'ouverture, d'écoute et de compréhension des hommes et des situations. L'ouverture est à la base de cette capacité culturelle ou plutôt, dans ce cas, de capacité inter- (ou trans- ou multi-) culturelle. On rejoint les qualités de « vision globale » dont nous avons parlé au début. Le leader doit être capable de comprendre les porteurs d'autres cultures par empathie, compréhension qui n'a pas de besoin de paroles et qui implique une capacité au « décodage » de ce qui est dit et, plus important encore, de ce qui n'est pas dit. Une bonne connaissance du contexte permet de comprendre ce « qui va sans dire », d'où l'intérêt de tenter d'approcher la culturc autrc, par toutes les voies (histoire, traditions, art, langue, etc.), sans trop d'espoir de tout comprendre. Mais l'effort est, en lui-même, récompensé par cette faculté d'empathie vers laquelle il faut tendre.

Dans l'analyse des situations, on attend du bon manager une capacité de bon jugement, ce qu'on appelle l'intelligence des situations. Savoir aller à l'essentiel, malgré la complexité des situations, complexité renforcée par le choc des cultures, est la marque du bon manager qui est en mesure de simplifier pour rendre possible l'action, et qui doit manifester une capacité de décision claire. De ce point de vue, le management apparaît comme un art, art de l'écoute, art de sentir où vont les forces dominantes à la manière décrite par Sun Zi dans son *Art de la guerre*.

Les qualités de jugement sont essentielles dans le choix des hommes, jugement qui ne peut être délégué à personne et qui inclut une capacité à imaginer l'avenir, celui du manager choisi, visualisé dans des situations complexes. À l'égard des autres, les qualités exigées sont la capacité à bien communiquer et à faire partager ses visions. L'adhésion au manager est le gage de la nécessaire motivation des collaborateurs. Ceux ci sont stimulés par lc *global manager* qui leur proposera des défis réalistes et mesurables. Le respect dû aux collaborateurs comprend le degré de liberté qu'on leur accorde mais aussi la faculté de juger les résultats sans concession. La responsabilité accordée a son revers : la sanction éventuelle, même si le management moderne a tendance à vouloir partager la responsabilité des échecs.

En contrepartie de l'exigence des résultats mesurés, le *global manager* saura donner une perspective à long terme à ses collaborateurs et leur manifester sa confiance. Dans un contexte culturel complexe (c'est le cas de l'alliance Renault-Nissan), le *global manager* (et ce fut le cas de Carlos Ghosn) doit surtout partir des faits concrets et remonter au contexte culturel plutôt que l'inverse. Chez Nissan, Carlos Ghosn a tenté (et il y réussit) de s'intégrer à la culture d'entreprise sans perdre sa personnalité, sa vision, son jugement, en un mot en restant lui-même et surtout en ne cherchant pas à singer l'autre culture pour donner des gages qui seraient, en fait, mal perçus. Imiter superficiellement l'autre culture (et comment l'éviter lorsqu'on veut être « gentil » ?) est humiliant pour les deux parties, donc inefficace.

Entre compromis et provocation, le *global manager*, resté lui-même, s'accroche à la réalité du terrain, aux performances mesurables, à la transparence des décisions et des visions. On le constate, ces qualités humaines ne sont pas celles qui sont enseignées, même dans les meilleurs établissements. On parle ici de caractère, forgé par l'éducation, certes, mais surtout par l'expérience et aussi par la certitude que nul ne peut indiquer à l'avance le bon chemin, qu'il faudra le trouver seul, en ayant confiance en soi et dans les autres.

Les *global managers* sont rares. C'est bien pourquoi ils sont « chassés » par les grandes firmes globales dont l'objectif est de les conserver. La réussite, exceptionnelle, d'un Carlos Ghosn est aussi le reflet de la hauteur de vue d'un François Michelin et d'un Louis Schweitzer, eux aussi de véritables *global managers*, même si leur origine et leur parcours donnent l'impression qu'ils sont des patrons français typiques. Un manager global peut s'affirmer à partir d'une seule culture, bien assimilée, et il n'est pas indispensable (même si dans le cas de Carlos Ghosn, c'est un atout décisif) d'être un « citoyen du monde ».

Le management global, un pont entre les cultures

Toutes les firmes globales ont rencontré la problématique interculturelle et continuent d'y être confrontées.

Force est de constater qu'elles n'ont pas suffisamment pris en compte cet élément puisqu'une partie importante (plus de la moitié, voire les deux tiers) des firmes globales ont échoué à créer de la valeur par leurs divers rapprochements avec d'autres entreprises. Cette création de valeur est fondée, en partie, sur la synergie qui peut être générée par le contact avec une firme « culturellement autre ». Si cette synergie n'est pas créée, et c'est hélas la majorité des cas, il y a destruction de valeur, à travers des épisodes négatifs (conflits, démissions, procès) qui accaparent le temps précieux des managers et conduisent à l'échec, flagrant ou simplement larvé.

Contrairement à l'espoir de beaucoup de managers, les problèmes interculturels ne se règlent pas d'eux-mêmes et c'est un acte de management essentiel que de gérer les relations entre cultures. Les firmes globales qui réussiront durablement au XXIe siècle seront celles qui font de la résolution correcte de la relation interculturelle un élément clé du management le plus moderne.

Après avoir examiné de plus près les problématiques classiques du management interculturel, une solution élégante, déjà adoptée par nombre de firmes globales, la « cooptation des modes opératoires » (CMO) [4] sera présentée.

Les problématiques du management interculturel

Lorsqu'une firme globale entre en relation étroite avec une firme étrangère (acquisition, *joint-venture*, partenariat ou alliance), elle concentre ses ressources managériales dans deux directions, effectivement prioritaires : la pertinence stratégique et l'organisation.

En général, la réflexion stratégique est sérieuse, documentée et bénéficie d'un investissement intellectuel massif. L'organisation du rapprochement donne lieu à de nouveaux organigrammes, bien conçus, et notamment à la création de comités qui réunissent, à intervalles réguliers, des représentants des deux entités. Les grandes firmes de conseil sont rompues à cet exercice qui est leur principale expertise.

Peu de firmes globales songent à ajouter un troisième ingrédient du succès : faire en sorte que les comités interculturels ainsi créés (pour obtenir la fameuse synergie) fonctionnent bien. Alors même que les dirigeants sont conscients de la problématique dite de l'interculturel, ils refusent de leur accorder une fraction des ressources abondamment déversées sur la stratégie et l'organisation. La troisième composante du succès, donc de la création de valeur, est sous-estimée, traitée avec suffisance (que les plus faibles se soumettent ou se démettent), naïveté (les conflits sont bons car ils font apparaître les problèmes) ou irréalisme (les problèmes se régleront avec le temps et quelques dîners bien arrosés… de vin, de bière ou de saké selon les cultures concernées).

4. Cette pédagogie a été mise au point par Henri Biezin, notamment au travers d'une pratique utilisée avec les auteurs de ce livre.

Deux sujets méritent d'être approfondis pour analyser cette étonnante myopie : le fonctionnement des groupes par équipes ; les apports méthodologiques des fondateurs de la sociologie interculturelle.

❑ *Le fonctionnement des groupes par équipes*

Les équipes *(teams)* sont au cœur du fonctionnement des firmes globales.

Celles-ci ont des organisations matricielles complexes, croisant les *business units* (la logique « produit ») et les *market centers* (la logique « marché »). Le poids de l'une ou l'autre logique l'emporte selon les firmes globales mais la rencontre des deux logiques est, toujours, inévitable. Les solutions apportées aux nombreux problèmes créés par cette rencontre varient du *benign neglect* (qu'ils se débrouillent… et que le meilleur gagne !) à la création d'imposants « départements de coordination » comme c'est le cas au sein des firmes les plus globales au monde, les *sogo shosha* (les grandes *trading* multiproduits – multi marchés du Japon) [5].

Parallèlement, les grandes fonctions de l'entreprise (R&D, design, manufacturing, marketing, ressources humaines, achats, systèmes d'information, contrôle) sont l'objet de l'essentiel de l'attention des dirigeants qui y voient, à juste titre, l'élément principal de réussite du management interculturel. Lors de rapprochements d'entreprises, la question principale qui est posée est celle du « comment rapprocher les fonctions » pour éventuellement les fusionner (une fonction « achats » commune, le même système d'information, des plate formes communes de production, etc.).

L'appel aux grands cabinets de conseil, souvent les mêmes, aboutit à des solutions solides, éprouvées mais qui ont tendance à se ressembler : pilotage suprême par un *steering committee* et mise en place de *cross-cultural teams* et autres *transcultural task forces*. Les bons résultats sont attendus de la pertinence du choix de ces équipes, de leur bonne composition, d'ordres du jour bien préparés et d'une programmation (périodicité des rencontres) réaliste et ambitieuse.

Étrangement, peu d'attention est portée au bon fonctionnement réel de ces équipes, à la manière dont elles doivent communiquer, échanger, prendre des décisions, bref aux modalités concrètes de leur activité quotidienne.

---

5. « Les *sogo shosha* : comment les sociétés de commerce international japonaises gèrent le monde », *op. cit.*

Or, cet aspect est essentiel s'agissant d'équipes d'hommes issus de cultures (culture nationale mais aussi culture d'entreprise et culture métier) différentes et qui, de surcroît, continuent de vivre la plupart du temps dans des pays et des continents différents. Ces équipes, le plus souvent virtuelles, ne se rencontrent que rarement mais communiquent beaucoup à distance. Cette situation est source, inévitable, de difficultés, parfaitement prévisibles et qui pourtant ne sont (presque) jamais préemptées.

❑ *Les apports méthodologiques*

La communication est, même au sein d'équipes culturellement homogènes, un art difficile à maîtriser : elle est source inépuisable de malentendus, de froissements, de contrariétés qui, accumulées, deviennent des « problèmes » puis des « conflits ». Lorsque ces équipes sont culturellement hétérogènes, les situations se compliquent encore davantage.

Pour prévenir ou résoudre ces problèmes, ont mis au point des méthodes spécifiques visant à bien communiquer : séminaires d'expression orale [6], stages de PNL (programmation neurolinguistique) qui mettent l'accent sur la communication non verbale (la gestuelle, le non-dit), apprentissage à l'écoute active, à la reformulation et au *feedback.* Trop rarement utilisées, ces techniques qui ont fait leur preuve, ont un magnifique rendement sur investissement au regard du coût élevé (et jamais mesuré) des conflits interpersonnels.

Dans un contexte multiculturel où les malentendus ne sont plus un risque mais une certitude, cet investissement devrait être la norme. De plus, un facteur aggravant provient de la peur de l'inconnu que représente une culture différente. Le management interculturel génère, par nature, du « stress », c'est-à-dire une situation pathologique qui fait perdre aux participants une partie de leurs moyens intellectuels. Stress et malentendus composent un cocktail, parfois explosif, qui perturbe, à tout coup presque, le fonctionnement des équipes pluriculturelles.

La communication à distance (mail ou téléphone) est une gageure : le style de l'e-mail (synthétique, froid), la peur du téléphone (partagée par la majorité des utilisateurs) provoquent des réactions négatives, des frustrations, des énervements qui, microscopiques au début, s'amplifient en véritables phobies qui détruisent la communication.

6. Notamment la « technesthésie » qui, à partir des techniques d'expression du théâtre, vise à transformer chaque manager en un bon communicateur, clair et convaincant. Elle est diffusée par la société PeP, dirigée par Françoise Morel.

Pour conjurer ces situations mal vécues, il est fait, parfois, appel à la visio-conférence. L'idée pertinente qu'il est préférable de voir son interlocuteur rencontre une réalité plus problématique : la peur du contact direct. Cette peur est partagée par de nombreuses cultures qui voient, dans le face-à-face, un moment dangereux à contrôler car il est porteur d'une sorte de pression de l'instant qui oblige à comprendre et à répondre instantanément. Cette nécessité de l'instantanéité va totalement à l'encontre de nombreuses cultures qui prônent la réflexion avant la réaction. Il faut surtout bien comprendre que la langue véhiculaire utilisée (en général l'anglais) n'est pas toujours bien maîtrisée. L'écrit a le mérite de permettre la relecture, la traduction, l'aide extérieure. Cette peur du face-à-face télévisuel est renforcée par le décalage du son, le flou de l'image, la componction des attitudes. Il n'est pas rare, dans cette situation, que certains des participants, morts de peur, renâclent devant l'obstacle et se fassent porter malades.

Il existe de nombreuses solutions, faciles et peu coûteuses à mettre en place, pour remédier à cet état de fait. Il est surprenant que des managers expérimentés n'y aient que très rarement recours.

Même la rencontre « en chair et en os » est difficile à vivre. La réunion fait suite à un long voyage (au moins pour l'une des parties) avec son cortège de décalages horaires et de contraintes physiques, souvent négligées… mais qui s'imposent à l'organisme. Le temps étant précieux, la réunion se tient sans prendre en compte ces dysfonctionnements qui ont une influence lourde sur le résultat des échanges.

Ayant évoqué, succinctement, les obstacles dits de « communication » qui entourent le fonctionnement d'équipes pluriculturelles, il faut maintenant aborder une problématique plus complexe, celle de l'obstacle culturel lui-même.

Il est clair que chaque entité (peuple, entreprise) véhicule une culture particulière. Cette culture est parfois explicite, lorsque, par exemple, une entreprise souhaite créer une culture spécifique et définit, par écrit, un cahier des charges des pratiques et comportements qui sont favorisés ou interdits.

En revanche, la culture est, le plus souvent, implicite, s'agissant notamment des cultures nationales. Les pratiques et comportements sont l'aboutissement d'idéologies, de philosophies, de rites et de symboles qui imprègnent l'individu dès sa naissance et qui, au-delà des particularismes de chacun, en font un représentant, facile à identifier, d'une culture donnée.

Les traits culturels, explicites ou implicites, façonnent des comportements différents et imprévisibles pour les autres cultures. Pire, même si l'on réussit à apprendre (à « décoder ») des comportements culturels, il est impossible d'avoir accès aux représentations mentales de chaque culture particulière. À un même mot, un même concept, peuvent correspondre différents « paysages mentaux » *(mindscapes)* que nous ne pouvons même pas imaginer.

Face à cette difficulté, immense, et à la nécessité de trouver des solutions opérationnelles, des chercheurs, psychologues et sociologues, ont creusé cette problématique et ont apporté des réponses. Ces chercheurs sont, pour la plupart, américains et néerlandais. La nécessité d'un maillage correct avec les autres s'est, sans doute, davantage imposée à la principale puissance mondiale ainsi qu'à une nation commerçante, petite par la population mais ayant fait preuve d'une curiosité sans frontières.

Ces sociologues d'entreprise ont pris en compte la question de la « différence culturelle » en l'imposant comme une problématique centrale et en fournissant, en réponse, des grilles de décodage de cette différence.

Pour les managers globaux, confrontés aux échecs des *joint-ventures* et autres rapprochements, cette proposition est apparue séduisante car rationnelle : s'il y a une problématique de la différence culturelle, il est utile d'utiliser des grilles de décodage puisque ces grilles permettront de comprendre la nature de cette différence, en la décomposant en sous-parties, plus faciles à traiter.

Par exemple, un décodage peut se faire en comparant la relation de chaque culture au temps ou à l'espace. Il y aurait des cultures monochroniques, dont les représentants ne « feraient qu'une chose à la fois », par opposition à des cultures polychroniques, dont les Français feraient partie. On aurait, de la même façon, des cultures à « haut contexte » dans lesquelles tous les tenants de cette culture partageraient un lot commun de connaissances, de présupposés, d'information et de réflexes qui leur permettraient de se comprendre facilement, de communiquer avec un minimum d'efforts et de mots. L'homogénéité culturelle conduirait à se comprendre « à demi-mot » ou même sans mot dire.

Dans ces cultures, les contrats peuvent être succincts car l'essentiel des règles de base est déjà partagé et n'a pas besoin d'être constamment rappelé. Français et Japonais appartiendraient à cette même catégorie culturelle. Les Américains, eux, parce qu'ils vivent dans un État fédéral, géographiquement divers, parce que l'éducation est spécifique à chaque lycée, chaque université, parce qu'il y a peu de codes juridiques mais davantage de *common law* et de jurisprudence, auraient besoin de beaucoup de mots pour s'exprimer et de contrats épais pour se sécuriser. Ils appartiennent à une culture à « bas contexte ».

Nous appelons « culturalisme » cette façon de concevoir cette approche des cultures. Le culturalisme comprend plusieurs aspects : le sentiment que les différences sont réelles, nombreuses et séparent véritablement les porteurs de ces cultures différentes ; la certitude que l'on peut comprendre les différences à travers des grilles de décodage (quantifiables même) et enfin l'espoir qu'il est possible de trouver des modalités de rapprochement par une négociation qui prend en compte les différences.

La réponse la plus adaptée à cette analyse est de tenter d'approcher l'autre culture par tous les moyens : étude de la langue, étude de la civilisation, tentative de vivre « comme » (des Japonais, des Chinois, des Américains, etc.). L'idée est qu'en entrant dans l'autre culture, on va la « comprendre », dans toutes ses dimensions et, la comprenant, on va pouvoir établir des ponts entre cultures, de façon explicite, concrète et, donc, efficace.

Une telle tentative implique, en réalité, un immense investissement en temps, une abnégation et une ouverture très importantes. Elle est du domaine du possible, à condition toutefois de s'y consacrer totalement. Les exemples réussis existent mais ils sont rares. Ils sont le fait de personnes en quête d'expériences culturelles profondes et qui sont prêtes, pour les obtenir, à supporter des sacrifices énormes. Cependant, ces sacrifices ne sont pas à la portée de la vaste majorité des managers et ce, d'autant plus qu'un manager global aura des expériences successives dans de multiples, et très différentes, aires culturelles.

On trouve des cas d'un tel investissement en profondeur chez ces « mercenaires locaux » dont il a été question. Ces managers expatriés « pour toujours », dans le pays où ils font généralement souche, ont la possibilité de réellement s'intégrer dans la culture qu'ils ont choisie, mais la firme qui les emploie se heurte à deux écueils : ces cadres ne sont plus mobiles, ni pour un poste au siège, ni pour une autre expatriation. Ils préféreront quitter la firme afin de rester sur place. Mais surtout, en intégrant intensément la culture locale, ces managers finissent par lui donner le pas sur leur culture d'origine.

Cette perte de distance par rapport à la culture acquise les transforme en défenseurs univoques de cette culture locale. Au Japon, on dit qu'ils sont « tatamisés », et d'autres vocables les décrivent ailleurs comme solidaires de leur nouvelle culture. Ils ne sont plus des « ponts culturels » mais sont devenus des quasi-autochtones, plus radicaux encore car ils ont la « foi des convertis ». Souvent choisis pour diriger la filiale locale (parce qu'ils parlent la langue du pays !), ils n'évitent pas les conflits de point de vue avec le siège qui s'étonne de les voir « prendre le parti des locaux ». Et, pour ces locaux, ils seront, quoi qu'ils fassent, des représentants de l'autre culture et, parfois, l'objet de moqueries.

Mais allons plus loin encore. Au-delà de la difficulté, quasi insurmontable, de réellement entrer dans la culture autre, au-delà de la perte de distanciation qui réduit à néant le rôle de pont culturel, deux nouveaux écueils se dressent sur la route du culturalisme : le stéréotype et la simplification.

Dès que l'on dit « les Japonais » ou « les Allemands » ou « les Américains », on est dans l'imposture. Les Japonais n'existent pas. Il y a des Japonais. Certes, il y a des caractéristiques, des comportements communs et, surtout, des pratiques sociales suivies par tous. Mais, dans la tête de chaque individu, il y a sa vision des choses, son degré d'adhésion, son décodage spécifique, ses modalités propres, bref son individualité vivante au cœur de la masse, du peuple, du groupe.

Cette individualité, il n'est pas « social » de la montrer. Elle reste cachée derrière les apparences d'un comportement « socialement correct ». Elle reste indéchiffrable ; or, c'est avec cet individu-là, bien particulier malgré les apparences, qu'il faut traiter, négocier, travailler. La généralisation est abusive par définition, elle est caricature et, par ce fait, masque la réalité vivante, celle de l'unicité individuelle. Chacun sait qu'il faut redouter, et fuir, les stéréotypes, pour leur caractère mensonger mais, pourtant, l'approche culturaliste le permet et même l'encourage.

La simplification est à la croisée de l'attente des futurs expatriés, à la recherche de « recettes » (ce qu'il faut faire, ce qu'il faut éviter) et de l'offre des experts. Ces derniers, sollicités pour montrer, en peu de temps (un jour, deux jours) l'ampleur d'une civilisation, n'ont pas d'autres moyens que de simplifier, de réduire la culture en règles simples qu'il « suffit de suivre ».

Qui est dupe de ce mauvais échange ? Chacun s'en tire à sa façon : l'expatrié, content d'avoir eu « au moins cela » (plutôt que rien.

À notre sens, le « rien » aurait été préférable), l'expert qui a montré à la fois sa science et sa capacité de synthèse, l'entreprise qui a pris en compte l'aspect culturel et « payé une formation ».

Et si l'expert refuse de jouer ce jeu trompeur, le risque est qu'il décourage l'apprenti en lui mettant sous le nez la vaste étendue des savoirs impossibles à atteindre. Il arrive que l'expert ne tombe dans aucun de ces deux excès. Le résultat est pourtant le même : l'accroissement du stress, né du sentiment d'impuissance face à l'inconnu. La culture est un inconnu sans limites mais le peu qui est (bien) présenté démontre toute la difficulté d'entrer dans la culture autre. Ainsi, elle accroît le stress en donnant à l'inconnu les contours de l'infini. Et si la conclusion est que, sans l'expert, l'apprenti ne comprendra jamais, c'est vers un appel permanent à cette expertise que l'on va tendre : peu opérationnel.

Cette critique, guère nuancée, (et il faudrait nuancer un peu car il existe de rares réussites de transfert d'expertise), s'appuie sur une constatation claire : le « culturalisme » ouvre des horizons sans fournir de mode d'emploi, de guide pour au moins aller vers la bonne direction de l'horizon, même si celui-ci est, à proprement parler, hors de portée. Les réponses traditionnelles à la problématique du management interculturel sont, au mieux, un vernis qui craquera vite, au pire une illusion qui se dissipera au gré de la réalité.

Nous voici ramenés à notre point de départ : comment faire travailler ensemble des équipes de personnalités venant d'horizons culturels (au sens complexe du concept de culture) différents.

Il existe une réponse, née du tâtonnement, de l'expérience concrète, telle que celle de Carlos Ghosn. Nous en proposons une introduction : elle s'appelle la CMO (cooptation des modes opératoires).

La CMO (cooptation des modes opératoires)

Les firmes globales sont des entités complexes et éclatées, mais cherchant la création de valeur précisément par la mise en synergie de ce qui est dispersé.

La réponse organisationnelle qui est, aujourd'hui, apportée à ce défi est la constitution d'équipes qui réunissent plusieurs cultures au sein d'une même fonction (la fonction « achats » par exemple) ou plusieurs fonctions au service du même objectif (l'équipe projet – *project team*). Dans ce dernier cas, celui de l'équipe projet, la composante multiculturelle ajoute à la complexité.

Le fonctionnement efficace de ces équipes ne va pas de soi, hélas, et ce contrairement à ce qu'espèrent les dirigeants qui comptent, d'ordinaire, sur le temps, la bonne volonté… et le saké pour neutraliser ces cocktails explosifs. Le temps accroît les divisions et la bonne volonté se heurte à l'absence de volonté ou à leurs contradictions. Quant au saké (ou au vin ou à la bière ou à tout autre « apaiseur des tensions »), il n'est pas assez puissant pour dissoudre les conflits.

La confrontation des deux grandes civilisations modernes, occidentale et asiatique, a permis de faire apparaître au grand jour un certain nombre d'évidences : l'individualisme occidental se heurte à l'esprit d'équipe, naturel à l'Asiatique ; l'arrogance occidentale fait prendre pour absolues des valeurs que les autres pensent relatives ; le « dit » se heurte au « non-dit », la règle de la majorité à la recherche du consensus, la logique de l'actionnaire à celle des « parties prenantes ».

L'Occident, c'est tout à son honneur, s'est remis en question. En son sein même, sont apparues des critiques globales (le marxisme), particulières (les syndicats) et même scientifiques (le fonctionnement du cerveau, mieux compris, met en valeur les deux hémisphères cérébraux, donne sa place à l'émotion à côté de la raison et dévoile les mystères de la créativité). Dans son processus de mondialisation, l'Occident a rencontré bien des obstacles culturels qu'il a cessé de régler par la force pour entrer dans la voie de la négociation.

La négociation est un thème central dans la solution des problématiques complexes. Le concept occidental de *win-win* se rapproche de celui, asiatique, du *yin* et du *yang*, c'est-à-dire de la complémentarité des contraires. Le « j'ai raison, tu as tort » laisse la place à « nous avons tous deux peut-être raison… tout dépend du point de vue ». La négociation est à la fois compromis et flexibilité, recherche du « sens des forces dominantes » (à la manière chinoise de *L'Art de la guerre*).

Au croisement du fonctionnement harmonieux des équipes pluriculturelles et de l'art de la négociation, on trouve la CMO.

❑ Les fondements de la méthode CMO

Plusieurs observations et études ont éclairé le fonctionnement des groupes humains.

L'art de la communication a été approfondi et a fait l'objet de formations *ad hoc*.

L'évolution des groupes a bénéficié des études éthologiques et ethnologiques. Ont été, notamment, mises en évidence les étapes naturelles du fonctionnement de tout groupe nouvellement formé : l'étape enthousiaste des premiers temps *(honeymoon)* ; l'étape, bien vite arrivée (quand elle n'est pas la première), des conflits de territoires et d'intérêts *(storming)* ; enfin, après bien des souffrances, nées des conflits incessants, le temps du compromis et de l'adoption de règles acceptées par tous et qui forment le socle d'une acceptation minimale commune de comportements *(norming)*.

Dans les *joint-ventures* et alliances, la longueur de l'étape des conflits conditionne le succès ou l'échec, provoque des gaspillages, des retards, de nombreux dysfonctionnements qui, s'ils perdurent, conduisent à la rupture ou à la faillite. Sans aller aussi loin, les cicatrices des conflits passés demeurent.

À partir de ces observations, une réponse a d'abord été fournie, celle qui est appelée « culturaliste » et qui a mis l'accent sur les différences culturelles, différences qu'il était possible de combler en faisant un effort de type culturel : apprentissage des traditions, de l'histoire, de la langue de l'autre culture. On a vu ce qui est, à notre sens, la limite de cette voie.

L'alternative est simple : chercher dans les cultures ce qu'elles ont en commun plutôt que ce qui les différencie ; prendre appui sur ce tronc commun pour établir une plate-forme de compréhension ; partir de cette plate-forme pour négocier des règles du jeu, c'est-à-dire coopter (choisir ensemble) des modes managériaux communs.

Les modes managériaux (ou les comportements, attitudes, protocoles qui fondent la gestion d'une entreprise) sont, ainsi, des enjeux concrets de négociation. En effet, un mode managérial (le processus de décision, la tenue des réunions, la circulation de l'information, les rapports hiérarchiques, le système de rémunération, de formation et de promotion, etc.) peut être détaché de son contexte culturel et traité directement. On peut se mettre d'accord sur un protocole commun qui définira ce qu'est une « bonne » réunion (la préparation, la tenue, le suivi, etc.) sans se référer à des cultures et, donc, à leur différence.

Cette différence existe, naturellement, mais elle est tout entière contenue dans le mode managérial. En traitant le seul mode managérial, on résout la problématique en contournant, en évitant, l'obstacle *(himalayesque)* de la culture. Prenons un exemple : une réunion franco-japonaise.

Culturellement les Français viennent pour confronter des points de vue et choisir le « meilleur ». Le conflit est inhérent à la réunion, il en fait tout son sel. L'idée qu'il existe une « meilleure solution » est cohérente avec notre esprit, occidental, de logique et de raison. Un système (par exemple, la recherche opérationnelle) va permettre de définir plusieurs solutions dont une est « optimale ». S'il y a débat, une majorité, simple ou qualifiée, sera dégagée.

Le Japonais vient à une réunion pour repartir avec du consensus sur « une » solution. Celle-ci sera la meilleure puisque adoptée par tous, ceci même conditionnant sa bonne exécution. L'exécution rapide, parce que chacun a donné son accord, rend « meilleure » toute solution adoptée.

On voit bien que derrière ces attitudes différentes se profilent des valeurs culturelles qui s'opposent. Il serait vain de tenter de les concilier. Le temps d'apprentissage serait très long et, sans doute, d'une efficacité douteuse. Il est préférable d'investir un peu de temps (un séminaire d'un ou deux jours) simplement pour se mettre d'accord sur des règles de jeu, celles du processus commun idéal d'une réunion. Ces règles couvriront la préparation de la réunion (quelle importance accorder à l'ordre du jour, quel délai entre l'envoi de l'agenda et la tenue de la réunion, quid des points non prévus à l'ordre du jour ?), le déroulement (qui parle, combien de temps, dans quel ordre ?), le mode décisionnel (majorité, majorité qualifiée, consensus, c'est-à-dire unanimité et, si c'est le consensus qui est retenu, sera-t-il « mou » ou « fort » ?), le suivi (compte rendu, vérification de l'avancement de la décision, etc.).

Ce séminaire est, en réalité, une négociation et devra être tenu dans les règles de la négociation. Cette négociation sera, nécessairement, réussie et aura généré une situation *Win-Win* car tous doivent être gagnants. Il est clair que cette négociation est un moment fort, important, difficile. Elle doit donc être menée selon les règles de l'art, l'art de la CMO.

❑ *La CMO en action*

Elle est une technique, minutieuse, facile à comprendre, subtile à mettre en œuvre. Elle est le résultat de la mise en musique de plusieurs techniques qui ont fait leur preuve : techniques d'analyse des situations, techniques de l'entretien, techniques de communication, PNL (programmation neuro-linguistique), techniques des cas (exercices balisés dont certains ont été mis au point par la NASA qui a dû gérer les situations les plus complexes et les plus culturellement délicates et pour qui une gestion correcte des équipes est une question de vie ou de mort), techniques de créativité (« pensée latérale », telle que définie par Edward de Bono [7]), techniques de discussion multiple (« pensées

7. Voir DE BONO (éd.), *I am Right, You are Wrong*, Penguin Books, 1991, et *Lateral Thinking for Management*, Penguin Books, 1990.

parallèles » conçues par Jean Mandelbaum à partir des travaux du même E. de Bono).

Elle a été mise au point par un praticien, lui-même manager d'équipes pluriculturelles et qui, partant de son expérience de terrain, est allé chercher, aux États-Unis principalement, les techniques de compréhension et de gestion de groupes complexes, Henri Biezin. Telle qu'elle se présente aujourd'hui, elle est la résultante d'un travail mené en commun par H. Biezin et les auteurs, lorsqu'ils ont préparé leur offre aux *joint-ventures* franco-asiatiques qui se sont développées au cours des cinq dernières années.

En pratique, la méthode est une pédagogie douce (elle ne met personne en difficulté, nul n'est jugé dans son expertise ni dans son comportement) qui a pour objectif de modifier durablement les attitudes, les réflexes, les pratiques des différents modes managériaux, dits « opératoires ».

La première étape est un « audit » de situation qui a deux objectifs : découvrir les sources des dysfonctionnements (s'il y en a, mais il y en a presque toujours, y compris les conflits potentiels, avant même que la *joint-venture* ne soit entrée en action) et « déminer » le terrain, c'est-à-dire identifier certaines situations à risques (conflit personnalisé entre un petit nombre de participants, rejet du patron du groupe pour son manque de légitimité ou de leadership, etc.) qui parasiteraient les étapes suivantes. Cette étape consiste à analyser les « comptes rendus » des séances passées, à lire les communications (e-mails, lettres) échangées et, surtout, à réaliser des entretiens individuels, en face-à-face, avec la majorité (si possible, tous) des participants du groupe étudié. La technique des entretiens est très sophistiquée et fait partie de l'expertise propre à cette pédagogie.

La deuxième étape consiste à analyser tous les entretiens et à en dégager des problématiques, certaines prioritaires, d'autres accessoires ou marginales. L'expérience des animateurs de cette méthode est mise à contribution pour évaluer correctement la situation. De toute façon, cette évaluation est confrontée au jugement du patron du groupe car il est essentiel que son accord entier soit obtenu.

Le diagnostic une fois posé, la troisième étape est celle de la conception d'un séminaire « sur mesure », répondant aux problèmes et au profil des participants. Les cas et exercices sont choisis en fonction des objectifs. Un lieu convivial, coupé de la pression du quotidien, est choisi.

Le séminaire lui-même réunit toute l'équipe concernée, à commencer, et c'est important, par le patron du groupe dont la présence conforte la pertinence de l'exercice et assure sa pérennité dans le temps. Il peut durer deux ou trois jours, ce qui représente un investissement, surtout en temps de manager, très élevé. Mais c'est un investissement éminemment rentable si l'on songe au coût, jamais mesuré mais probablement gigantesque, de la somme des dysfonctionnements, retards et frustrations générés par les conflits non réglés (et, souvent, pas même identifiés). Le rôle de l'animateur (et de son assistant, observateur et relayeur) est essentiel. Il polarise les émotions, il les partage et les gère. Son profil est rare, au confluent de l'homme de terrain, connaisseur de l'entreprise, ayant fait la douloureuse expérience des équipes qui fonctionnent mal, et de l'expert qui a assimilé les diverses techniques utilisées : communication, PNL, discussion de groupe, créativité, etc. Il est constamment présent mais peu bavard. Il indique, propose, et doit obtenir la libération de la parole, la participation active et sincère de tous les participants. Les exercices se pratiquent ensemble, par sous-groupes ou par binômes. Le caractère ludique est déstressant.

En fait, dans cet exercice du « bien travailler ensemble » *(effective teamworking)*, s'ajoutent, par la cohabitation, les repas pris ensemble, les cafés bus à la pause, un effet induit du « être bien ensemble » *(team building)*. Les pauses sont utilisées par les animateurs pour analyser ce qui vient de se passer et partager leurs analyses avec le patron du groupe. Il n'est pas rare que ce qui est produit par le groupe incite à infléchir les objectifs poursuivis et les moyens à utiliser. Cette flexibilité permanente permet de « coller » au groupe tel qu'il est et tel qu'il se construit. À l'issue du séminaire, les conclusions sont mises par écrit et constituent un « protocole » commun d'acceptation des règles du jeu concernant un ou plusieurs modes opératoires. La cooptation, méthode d'association qui a fait ses preuves, est manifestée par l'adhésion formelle, orale et écrite, de chacun des participants qui apporte un « consensus fort » au protocole.

L'ultime étape est de vérifier si le protocole est respecté, si les attitudes et réflexes ont réellement changé, si, en somme, la pédagogie du « travailler ensemble » a été correctement intégrée et si les participants se sont véritablement approprié la méthode. Le cas échéant, une ou plusieurs « piqûres de rappel » peuvent être utiles et nécessaires.

Cette description détaillée (mais qui ne fait que survoler l'approche) est nécessaire pour bien faire sentir que de grands effets (la réussite d'une *joint-venture*) peuvent être le résultat d'une réalisation modeste, micro-économique (un travail sur un groupe de 10 à 20 personnes).

Nous tenons là une des clés de l'évolution du management du XXIe siècle. C'est sur ce point que nous souhaitons conclure ce livre.

Conclusion

Certains auteurs, sociologues, consultants, n'hésitent pas à définir de façon précise le nouveau paradigme du management au XXIe siècle. Ils prennent leurs risques, dont celui de se tromper.

Ce que nous pensons, c'est que ce management « global » que nous avons tenté de cerner, sera divers, hétérogène, évolutif, contradictoire, parfois fusionnel (comme lorsque l'on parle de « cuisine fusion »), parfois univoque, tantôt progressif, tantôt régressif, bref inattendu.

Deux éléments nous paraissent essentiels.

Le premier est qu'il existe une culture, dite asiatique (mais plutôt chinoise ou sinisée, du moins tant que l'Inde n'aura pas décollé et apporté une autre vision asiatique, l'hindouiste), qui a toujours revendiqué une ambition civilisatrice, qui n'y a renoncé que temporairement (un siècle de colonisation) et qui, aujourd'hui, par sa réussite économique, entend jouer à nouveau dans la cour des grands. Par sa masse (la population, aujourd'hui atout économique davantage que fardeau insupportable) et sa vitesse (le taux de croissance), cette partie du monde, tel un météore, fonce sur un monde « occidentalisé » et ne manquera pas d'y provoquer des changements significatifs.

Ces changements sont déjà en cours. Les transactions transpacifiques équilibrent, parfois dépassent, les flux transatlantiques. Les investissements directs vont de l'Occident vers l'Asie où les entrepreneurs occidentaux jouent leur avenir. Le Japon, deuxième puissance mondiale, la Corée du Sud, acteur technologique de premier rang, et désormais la Chine, comptent dans les équilibres mondiaux et dans les décisions des entrepreneurs. La Chine est un site industriel dont l'attractivité, énorme, ne déclinera pas avant longtemps. Elle se prépare à rejoindre puis à dépasser la Corée du Sud et le Japon en matière technologique. Elle sera, comme ses deux voisins, une grande puissance scientifique.

Cette évolution, ou plutôt cette révolution, est donc déjà inscrite dans les faits et, surtout, dans les esprits.

Les hommes politiques occidentaux ne brandissent plus les droits de l'homme et la démocratie face aux dirigeants asiatiques car ils connaissent la réponse : devoirs de l'individu envers la société et harmonie sociale. Leur stratégie est plus simple : appuyer leurs entreprises pour obtenir les meilleurs contrats possibles. Se quereller avec son client n'est plus de mise.

Les pays d'Asie sont, ainsi, admis sans réserves (il y a encore, certes, l'embargo occidental sur les armes à destination de la Chine mais l'Europe aimerait bien y mettre fin) dans le jeu mondial. Les coopérations entre États se multiplient, de la science (Fondation franco-chinoise de la science et ses applications [1]) à la culture (années croisées de la Chine en France puis de la France en Chine). Quant aux entreprises, aucune ne peut être absente de ces marchés, de ces sources de main-d'œuvre mais aussi, déjà, de ces technologies.

Le deuxième élément est l'adéquation de certaines valeurs asiatiques avec les tendances modernes du management des firmes globales.

En examinant les critiques adressées par l'Asie au management occidental, on s'est déjà rendu compte qu'elles étaient parfaitement admissibles : « humaniser » le management, sortir des modèles économétriques pour retrouver l'homme, acteur et sujet de l'économie, ce sont des débats que l'Occident a lui-même suscités, dès le XIXe siècle, et amplifiés au cours de la période récente avec le surgissement de la psychologie et de la sociologie dans l'entreprise, les thèmes de motivation ou d'harmonie dans la communication.

L'internationalisation des entreprises a obligé les dirigeants à mettre en place des organisations matricielles (produits-marchés) complexes et lourdes à gérer. Les patrons modernes s'emploient à redonner de la flexibilité, de la réactivité à ces lourds systèmes. Ils n'y réussissent qu'en imposant le style des « commandos » : petites unités, composites, vouées à un projet spécifique ; équipes transverses où sont réunies des personnalités venant des diverses fonctions de l'entreprise, d'origines « culturelles » (au sens large) diverses, où le niveau hiérarchique s'efface au profit des talents, de l'expertise, de la contribution réelle à l'objectif ; comités de pilotage, également composites et multiculturels, chargés d'approuver les résultats du travail de ces équipes afin de le réintégrer dans le système global de l'entreprise.

1. La Fondation franco-chinoise pour la science et ses applications a été créée par le professeur Jacques Caen de l'Académie des sciences, Gilles Kahn, président de l'INRIA et le professeur Chen Zhu, vice-président de l'Académie des sciences de Chine.

Du coup, le mode de fonctionnement de ces équipes prend une importance cruciale. L'efficacité du travail est directement liée à l'efficacité du *team-working*. Dans ce domaine, le management asiatique (ou, plutôt, le management des firmes qui se déploient dans l'aire culturelle asiatique) semble plus pertinent que le nôtre : le travail de groupe, la recherche du consensus, l'importance d'une harmonie à l'intérieur du groupe, l'écoute polie, le respect d'une « étiquette » (code de bonne conduite entre managers) sont des comportements naturels en Asie.

La rencontre des civilisations et de leurs valeurs au sein des firmes globales présentes à la fois en Occident et en Asie, ne se heurte donc à aucun obstacle de principe. Il est possible de faire en sorte que cette rencontre soit harmonieuse en respectant l'autre, en n'oubliant pas que développer des affaires au sein d'une civilisation implique de se plier à ses codes. Ce qu'a réussi Carlos Ghosn au Japon, d'autres patrons le réalisent, de façon moins médiatisée, dans le fonctionnement quotidien des filiales et *joint-ventures* en Asie. Les conseils d'administration des firmes globales occidentales se peuplent d'administrateurs asiatiques (l'inverse existe, comme vient de le montrer Sony en nommant à sa tête un CEO américain).

Si l'on tient compte de ces deux éléments (une civilisation, l'asiatique, qui retrouve son ambition et génère de l'efficacité ; une adéquation naturelle entre les grands thèmes du management moderne occidental avec certaines pratiques ayant cours au sein de la civilisation asiatique), la question devient : comment définir un management global qui serait un point de rencontre entre pratiques managériales issues des deux grandes civilisations « efficaces » ? On ne le peut pas.

Ce que nous avons voulu montrer en décrivant, un peu minutieusement, le déroulement d'un séminaire CMO, c'est que la naissance du management global du XXIe siècle se fait par l'accumulation d'expériences dispersées, diverses au sein des firmes globales. Chacun tente de définir « son » style de management global et ce style repose sur une multitude de micro-négociations, au sein des *teams*. Chaque équipe, au sein de chaque firme globale, définit ses propres règles du jeu, à partir de ses objectifs, de la composition de l'équipe, de la vision du dirigeant.

Nous nous trouvons dans une situation où le management est et sera pointilliste : une multitude de négociations indépendantes les unes des autres. Mais l'on sait que, pour un tableau, la multiplication des points finit par dessiner une image, un portrait, un paysage.

De même, va apparaître progressivement l'image d'un management global du XXIe siècle. Concourt à la définition de cette image la trilogie habituelle des créateurs de modes managériaux nouveaux : les patrons éclairés, les consultants de terrain qui combinent diverses techniques conçues par d'autres consultants, des professeurs qui, mettant en forme ce foisonnement, lui donnent du sens. Ce sens est repris par ces mêmes patrons éclairés qui sont encouragés à poursuivre l'aventure, celle de la recherche de la meilleure façon de faire travailler ensemble, de manière efficace, des hommes et des femmes issus de cultures différentes, ayant eu des destins divers mais qui ont besoin d'une relation apaisée aux autres.

Cette relation apaisée aux autres sur le plan micro-sociologique est la source d'une rencontre fructueuse, au sein d'une entreprise, de cultures « différentes ».

Si, comme cela est chaque jour plus évident, les firmes globales (non plus les seules firmes globales occidentales mais aussi les firmes globales asiatiques qui font, de plus en plus, parler d'elles car elles ont des ambitions qui n'ont pas fini de nous surprendre) sont les acteurs dominants d'un monde globalisé, c'est-à-dire ouvert au jeu des firmes et dans lequel les États ont de moins en moins d'influence, on peut espérer un monde où la concurrence économique tient lieu de confrontation centrale. Le choc des civilisations est un potentiel porté par des acteurs non économiques. La rencontre des civilisations sera l'heureux résultat d'un monde où l'économie aura intégré les différences culturelles au lieu de les exacerber.

Conclusion optimiste ? Sans doute, mais que la réalité rend chaque jour plus certaine.

Achevé d'imprimer sur les presses de l'imprimerie France Quercy à Cahors
N° d'impression : 52729 - Dépôt légal : novembre 2005

Imprimé en France